POUR CONSULTATION
A L'HEMICYCLE

L'AN 1835

OU

L'ENFANT D'UN COSAQUE,

MÉLODRAME

EN TROIS ACTES, A SPECTACLE,

PAR M. VICTOR.

Ballets de M. MILLOT, Musique de MM. AMÉDÉE et QUAISAIN.

Représenté pour la première fois, sur le Théâtre de l'Ambigu-Comique, le 23 Mars 1815.

> Mes amis, soyons indulgens :
> Il est beau d'être toujours sage;
> Mais, hélas ! quand on a quinze ans....
> Moi, je ne hais qu'un cœur volage.

PARIS,

Chez FAGES, Libraire, au Magasin de Pièces de Théâtre, boulevard Saint-Martin, N.° 29, vis-à-vis la rue de Lancry.

1816.

PERSONNAGES.   ACTEURS.

LE COMTE POLINDORF, co-
lonel-général dans la garde impériale russe, décoré de plusieurs
ordres.   M. *Fresnoy*.

POULZAROW, hetman de co-
saques.   M. *Weis*.

ADOLPHE, jeune français, sous
le nom du chevalier de Méran,
capitaine dans la garde russe.   M. *Grévin*.

DZARCOWITCH, cosaque au
service de Poulzarow.   M. *Klein*.

GERMAIN, valet d'Adolphe.   M. *Stokleit* fils.

RAPASKI, confident de Poulzarow.   M. *Sallé*.

ADÈLE D'ORMEVILLE, sous le
nom de M.me de Méran, mère
d'Adolphe.   M.lle *Levesque*.

SOPHIE, crue fille du comte Po-
lindorf, et épouse d'Adolphe.   M.lle *Adèle Dupuis*.

THÉCLA, suivante de Sophie et
femme de Germain.   M.lle *Éléonore*.

Villageois, etc.

Cette anecdote véritable a commencé en 1814, et ne manquera pas de finir en 1835. — La scène se passera alors en Russie, à deux lieues au plus de Pétersbourg, dans le château du comte Polindorf, et absolument de la même manière qu'on le voit aujourd'hui sur le théâtre de l'Ambigu Comique. (Qui vivra verra.)

Vu au Ministère de la Police, le 5 février 1816.
Le Secrétaire-Général,
BERTIN DE SEAUX.

Vu à la Préfecture de Police, le 5 février 1816.
Le Chef de la 1re Division,
DE CHANAY.

L'AN 1835,

OU

L'ENFANT D'UN COSAQUE.

ACTE PREMIER.

*Le théâtre représente les jardins du château de Polein-
dorf; à gauche un arbre détaché, formant berceau,
sous lequel se trouve un banc et une table de pierre.*

SCÈNE PREMIÈRE.

THECLA, GERMAIN.

(*Thécla sort du château en courant. Germain la suit.*)

GERMAIN.

Eh bien, eh bien! Thécla! ma petite femme! où cours-tu
donc ainsi?

THÉCLA.

Je vais préparer le déjeûner sous le grand arbre de Sophie.
Viens, Germain, tu m'aideras.

GERMAIN.

Déjeuner, c'est fort bien: Mais, ventrebleu!... le surlende-
main de ses noces se lever avant le soleil!... c'est un véritable
anachronisme anticipé.

THÉCLA, *riant.*

Ah! ah! ah!.... écoute, mon petit mari; comme je tiens autant que toi à l'exactitude des époques, je te promets de res-
pecter à l'avenir celles de nos amours; mais, aujourd'hui, pouvais-je oublier la plus intéressante de toutes, celle de la naissance de notre aimable et chère maîtresse.

GERMAIN.

Bon!

THÉCLA.

Vois-tu ce grand arbre, dont le feuillage épais ombrage ce
banc rustique, et cette petite table de pierre; eh bien, mon
ami, il fut planté à l'instant même où Sophie reçut la naissance,
et ce matin à dix heures, tous les deux ils auront dix-sept ans.

GERMAIN.

Dix-sept ans!... quelle différence: il en paraît quarante; et
ta maîtresse quinze.

THÉCLA.

Ah, c'est qu'ils ont chacun leur genre de beauté! or, par

expérience, tu sais, mon bon ami, que des mariés de trois jours oublient facilement toutes ces dates là. Je soupçonne même que le père de Sophie, oui M. le comte de Polindorf lui-même, dont la mémoire est infaillible en fait de tendres souvenirs, pour cette fois sera pris en défaut. Vois-tu maintenant quelle gloire, quel plaisir pour nous, de les surprendre par une jolie petite fête.

GERMAIN.

Une fête !... Eh mon cœur, c'est justement en cela que je brille...

THÉCLA.

Tant mieux ; il faut nous mettre en quatre....

GERMAIN.

En quatre !... il se pourrait bien faire qu'à nous deux nous fussions déjà....

THÉCLA.

Ecoute-moi donc sérieusement. D'abord, je veux préparer un joli déjeuner sous l'arbre chéri de toute la famille.

GERMAIN.

A merveille !... charmante idée !... Il faudrait ensuite ; oui... j'imagine.... peste ! diable !...

THÉCLA.

Est-ce là tout ce que tu imagines ?

GERMAIN.

Il me vient une idée... mets-toi là... devant moi,.. bien.... pousse-moi.... (*Thécla le pousse.*) Eh non, ce n'est pas moi qu'il faut pousser.—Pousse-moi des sons mélodieux..., fais-moi des roulades, des cadences....

THÉCLA.

Mais, Germain, tu deviens fou.

GERMAIN.

Eh non ! sous cet habit de caractère, tu ne soupçonnes pas qu'il habite un génie. — Oui, ma mie, je suis poète !!!

THÉCLA.

Toi, poète !

GERMAIN.

Poète-issime !!! — et tu verras, que dis-je, tu chanteras des vers de ma façon. — En outre, pour donner à la fête, un air plus solennel, je ferai, comme par magie, arriver tout-à-coup.. enfin j'ai dans ma tête tout ce qu'il faudra faire. (*Avec emphase.*) — Et si tu as sur Germain l'avantage de la mémoire, Germain veut l'emporter sur toi par la force de son génie.

THÉCLA.

Va ! d'avance, je te proclame vainqueur.

GERMAIN.

Bon ; mais le prix, ma mignonne, d'un si fameux triomphe ?

THÉCLA.

Tu le prendras.....

GERMAIN,

Ce soir. — Sans préjudice...,

THÉCLA,

Songeons au déjeuner.

GERMAIN.

Bah! ton déjeuner! Des fraises, de la crème, des biscuits, des babioles. C'est l'affaire de cinq minutes. Et nous avons deux heures. Songe donc qu'il n'en est que six, et que des nouveaux mariés, quoiqu'ils ne dorment guères, se couchent tôt, se lèvent tard, et ne s'ennuient point au lit.

THÉCLA.

Oui, mais monsieur le comte, qui ne s'est point marié avanthier, je veux le surprendre comme sa fille.

GERMAIN,

Tous les matins il fait, à cheval, le tour du grand parc; il ne paraîtra point ici avant dix heures.

THÉCLA.

Il faut donc jusque là nous croiser les bras?

GERMAIN.

Fais de tes bras tout ce que tu voudras; mais pour dieu, réponds-moi!... ô fille et femme discrète, merveille de nos jours, quand te plaira-t-il donc de me donner la clef du mystère dont on a pris si grand soin d'envelopper le mariage de nos maîtres, et le nôtre par contrecoup?

THÉCLA.

Mon pauvre mari! la curiosité te fait donc bien souffrir?

GERMAIN.

Je te l'avoue : sur ce point, je suis presque femme, juge de mon martyre! Eh! qui pourrait aussi tenir à de semblables choses? Par un événement qui n'est pas sans exemple, le chevalier de Méran, mon maître, destiné à la carrière militaire, voyant la paix régner en France, sur le conseil de sa famille, vient chercher du service à la cour de Russie. Noble, jeune et brave, en six mois il devient capitaine, dans un régiment commandé par le comte Polindorf. Celui-ci le distingue, l'accueille et le reçoit dans son château, où nous passons des journées délicieuses. Bientôt les attraits de Sophie font tourner la tête de mon maître : Moi, je deviens pour tes appas, brûlant comme une braise ardente, et pour comble de prospérité, le comte Polindorf conçoit pour le jeune Adolphe une amitié, une tendresse presque toute paternelle. Un mois s'écoule, deux mois, trois mois. L'amour et l'amitié font un chemin d'enfer. Enfin le sentiment éclate comme une bombe! Adolphe, aux genoux du comte, fait l'aveu de sa tendresse. Moi, je te suis de l'antichambre à l'office en poussant des soupirs!.... tu t'en souviens, j'espère! Aveux et soupirs, tout est reçu au gré de nos souhaits : jusque là tout va bien, et nous marchons dans les routes ordinaires. Tout-à-coup, mon maître reçoit du comte l'ordre de cacher, avec un soin extrême, l'amour dont il brûle pour Sophie. Avec moins de civilité, le même ordre m'est transmis, sous peine d'être congédié, si je te fais la moindre agacerie; et quand j'accours te demander la cause d'une discrétion si bizarre, ta jolie main, promptement appliquée sur ma bouche, pour toute réponse me prescrit le silence. — Cependant, on écrit à Paris, à Moscow, à Tobolsk. Les courriers partent, volent, reviennent, les lettres se croisent, on ne voit plus chez nous que postillons crottés, qu'estaffettes essoufflées. — Bientôt, nouvelle scène! le comte depuis longtemps inquiet et rêveur, devient radieux comme une jeune fiancée. En deux heures l'hôtel de Péters-bourg est sans dessus-dessous: on amène à la hâte des che-vaux, des voitures: on monte, on part, on arrive dans ce château. Tout est changé: nous étions rejettés, rebutés. Main-tenant on ne songe qu'à hâter nos hymens. Le lendemain ma-tin nous nous marions tous les quatre à l'église du village, et depuis trois jours nous sommes bien les époux les plus heu-reux de la terre: — Cependant je voudrais savoir pourquoi nos mariages se sont fait d'une façon si singulière: tu convien-dras que cela me regarde un peu.

THÉCLA, *riant.*

Ah! ah! ah!....

GERMAIN.

Est-ce là tout ce que tu as à me répondre?

THÉCLA.

Je ris des idées singulières qui auront dû te passer par la tête pour t'expliquer la chose la plus simple du monde. — Te sou-viens-tu, mon bon ami, d'avoir vu quelquefois à l'hôtel ce terrible hetman de cosaque....

GERMAIN, *l'interrompant.*

Parbleu, s'il m'en souvient! ce bel homme, à figure ru-biconde, et tout éblouissant d'or et de pierreries?

THÉCLA.

Non pas, non pas; il ne faut pas confondre. — Peste! celui là, c'est l'hetman général de tous les cosaques de Russie, au lieu que celui dont je te parle, et qu'on voyait bien plus souvent, n'est tout simplement que le chef, ou hetman d'une partie de ces cosaques barbares, si redoutables par leur indis-cipline.

GERMAIN.

Ah! tu veux dire Poulzarow!

THÉCLA.

Justement..

GERMAIN.

Oui, ventrebleu, je m'en rappelle! — Moustaches noires, se hérissant; sourire faux, inspirant je ne sais quelle crainte et quelle aversion. — Il était, d'ordinaire, suivi d'un grand drôle, qui se nomme Dzarcowitch, et que cent fois j'ai bien donné à

tous les diables, quand il fixait trop long-temps sur ton joli
minois ses yeux hagards et farouches.

THÉCLA.

Eh bien, ce Poulzarow et ce Dzarcowitch sont la cause du
mystère que l'on a mis dans nos mariages, et de la précipita-
tion qui nous a empêché d'attendre, pour la cérémonie, l'arrivée de mad. de Méran, la mère de ton maître, qui, depuis
près d'un mois est partie de France, et que tu ne tarderas pas
à voir dans ce château.

GERMAIN.

Tu badines ! — Quoi ces noirs cosaques convoitaient....

THÉCLA.

Notre aimable Sophie, et mademoiselle Thécla.

GERMAIN.

Les marouffles ! C'est bien pour eux que sont faits des mor-
ceaux si friands ! Mais pourquoi tant de façons ? Ne pouvait-on
leur dire : messieurs, allez vous pourvoir ailleurs, ma fille et
sa suivante sont trop gentilles pour vous.

THÉCLA.

D'abord, le compliment eût été peu civil ; ensuite il n'eût
pas été juste, car le comte Polindorf, aujourd'hui colonel général de la garde impériale, décoré des ordres les plus res-
pectables, et honoré de l'estime de son souverain, a commencé
sa carrière militaire par n'être que le simple chef d'une troupe
de cosaques des déserts de l'Asie. Or, pendant le cours de ces
guerres mémorables, où notre monarque, dans sa jeunesse (*),
s'est couvert d'une gloire immortelle, le comte, alors âgé de
dix-huit à vingt ans, sut déjà, par mille actions d'éclat, fixer
les regards de son maître, qui, par la suite, l'éleva au rang
qu'il occupe aujourd'hui. Tu dois donc sentir ce que Poulzarow aurait à lui répondre s'il ne lui objectait que son titre
de chef de cosaques. Mais comme ce Poulzarow est riche,
utile à son maître, d'un caractère dangereux, et par malheur
assez proche parent des Polindorfs, le comte, craignant de
l'irriter par un refus, s'il en venait à des propositions directes,
s'est hâté de faire secrètement le mariage de sa fille : de sorte
que Poulzarow, qui ne s'est point encore ouvertement déclaré,
ne peut, en apparence, se plaindre avec justice. — Cependant
il était temps : car nous avons appris que le sournois, voulant
arracher par autorité ce qu'il ne pouvait espérer de l'amour,
sollicitait secrètement l'empereur de s'intéresser à son hymen,
et de demander pour lui la main de sa cousine. Le refus,
alors, aurait été difficile à faire.

GERMAIN.

Corbleu ! nous l'avons échappé belle ! Car je présume que
Dzarcowitch....

_____

(*) Alexandre dans sa jeunesse, il y a vingt ans. — Elle parle en 1805.

THÉCLA.

Aurait eu la pauvre Thécla.

GERMAIN.

Ah ! j'en frissonne de tous mes membres ! — Voilà qui m'explique, non seulement le mystère de nos amours, mais encore la raison pour laquelle M. le comte, forcé de marier promptement sa fille, l'a si facilement accordée à un étranger.

THÉCLA.

Non, tu n'y es pas davantage. — Outre ce motif qui pourrait être suffisant, il en est un autre. Ton maître est français....

GERMAIN.

Eh bien ?

THÉCLA.

Le comte a pour la France et les Français, une affection toute particulière : il conserve, de ton pays, des souvenirs !...

GERMAIN.

Bon !

THÉCLA.

Oh ! il lui est arrivé dans ce pays quelqu'aventure bien étrange !

GERMAIN.

Conte moi donc cela.

THÉCLA.

Impossible, il n'a rien dit à personne. — Mais quand on parle de la France, il soupire. — S'il voit une française, il se trouble. — Un jour que je passais, par hasard, devant la porte de son cabinet, et qu'elle était ouverte, je lui entendis prononcer ces mots : « ô mon Adèle ! ô toi que j'ai seule aimée, » t'ai-je donc perdue pour toujours ! ne verrai-je jamais le » fils que tu m'as donné ! »

GERMAIN.

Après ?

THÉCLA.

C'est tout.

GERMAIN.

C'est bien dommage. — Il a donc un fils ?

THÉCLA.

Apparemment. — Mais nous finirions par être surpris. Je vais préparer mon petit déjeuner, toi, songe à la fête.

GERMAIN.

Je me sens inspiré ! Apollon me saisit !.... pour chanter l'hymen et l'amour tu dois être ma muse, et Germain te promet un chef-d'œuvre !

THÉCLA, *lui envoyant un baiser.*

Tiens, voilà pour attiser ton feu poétique.

GERMAIN.

Ah! friponne, tu me traites en poëte, tu me nourris de fic-
tions ! — Adieu mon cœur.

THÉCLA.

Adieu, mon petit mari. *(Il sort.)*

SCÈNE II.

THÉCLA, *et peu après* DZARCOWITCH.

THÉCLA.

L'aimable garçon! Avec un tel caractère, jamais le cha-
grin n'arrivera jusqu'à nous. (*Dzarcowitch paraît vers le
fond du jardin; il aperçoit Thécla, et se cache derrière des
arbres.*) Mais le temps passe : n'oublions pas notre affaire
principale. D'abord, distribuons les places. — Ce banc.... excellent pour trois personnes. La jeune mariée au milieu; M.
le comte à droite; M. Adolphe à gauche : C'est cela. —
Germain servira : Moi, j'irai, je viendrai, et je n'aurai plus
peur de rencontrer sur mon chemin la noire figure de ce vi-
lain Dzarcowitch. (*Dzarcowitch qui s'entend nommer, passe
la tête à travers les arbres.*) Qu'il est laid, avec ses moustaches retroussées comme les crocs d'un sanglier; son grand
bonnet de poil, et son manteau fourré : ne le prendrait-on pas
pour un ours des monts Krapach? Ah! il m'a tellement effrayée
qu'il me semble toujours le voir! (*Elle entre en courant dans
le château.*)

SCÈNE III.

DZARCOWITCH, *seul.*

Vrai serpent féminin! Couleuvre de satan! Voilà donc
le portrait que tu fais de ma figure! Certes, il n'est point
flatté, et me voilà bien payé de venir, dès la pointe du jour,
roder comme un loup autour de ce château pour découvrir ce
qui s'y passe! Elles sont belles mes découvertes! Tri-
ple bombe! Quel sera l'étonnement et la fureur de Poulzarow quand il apprendra de quelle façon les deux traîtresses nous
ont joué : quand il saura que, tandis qu'il s'amusait à solliciter
l'entremise de l'Empereur pour obtenir sa beauté récalcitrante,
Polindorf, qui devinait sans doute nos démarches, la mariait
ici secrètement; la donnait à son rival, à ce petit Adolphe,
ce français. Mille millions de canons! S'il n'en meurt
pas subitement de rage, il est capable d'exterminer toute la

génération des Polindorf! Je m'en doutais bien, moi, qu'il
y avait quelque ruse infernale de cachée sous ce départ précipité; c'est pour cela que j'ai voulu m'introduire ici secrètement en attendant l'Hetman, qui certe ne manquera pas d'arriver ce matin pour venir présenter son amoureux hommage
à...... Je vous demande un peu quelle figure il aurait fait, si
par bonheur je n'avais tout appris, grâce au valet du bon
pasteur de l'église, qui ne sait pas se taire quand il a bu.
L'imbécile..... J'entends du bruit, je crois...... Non, non ....
C'est égal, en attendant Poulzarow, ne nous laissons point voir,
de peur de faire quelque sottise; mais observons de près
tout ce qui ce passera..... Ventrebleu! je crois que revoilà
mon infidèle..... Oui..... Cachons-nous....

(*Il passe derrière des bouquets d'arbres.*)

SCÈNE IV.

THÉCLA, *sortant du château, et suivie de trois ou quatre
jeunes filles portant tous les aprêts du déjeûner.*

Apportez, apportez, mes bonnes amies! Le déjeûner se
trouvera tout servi. (*Elle couvre la table, etc.*)

Je ne sais ce qu'est devenu mon mari: j'ai bien peur, malgré son beau génie, qu'il n'aille perdre son temps à vouloir
dire en rimes ce qu'il dirait aussi bien tout uniment. Met-
tez-là les fruits; là les gâteaux; bien; Les fromages à
la crème de ce côté. La symétrie est parfaite. Du vieux
Bordeaux pour M. le Comte; du champagne pour les nouveaux mariés. C'est à merveille. Maintenant, vous autres
rentrez, ne faites pas de bruit et ne dites rien....

(*Les jeunes filles rentrent.*

Voyons, si je n'ai rien oublié. Non.... Mais, tout cela
est un peu nu. Si l'on pouvait arranger sur cet arbre.....
Germain inventerait bien quelque chose. Si je savais où le
trouver...... Bon! le voilà justement. Mais, que vois-je! Il
a rassemblé tous les enfans du village!

SCENE V.

GERMAIN, THÉCLA, *troupe de petits enfans, paysans.*

THÉCLA.

Eh mon ami, qu'est-ce donc que tout cela?

GERMAIN.

Chut! ce sont des amours, des hymens....

THÉCLA.

Tu te moques! ils sont noirs comme des petits ramoneurs...

GERMAIN.

Laisse-moi donc les métamorphoser, et tu verras des miracles. Viens seulement m'aider à débarbouiller, et affubler tous ces marmots.

THÉCLA.

Les affubler, c'est bien dit, mais avec quoi?...

GERMAIN.

Oh! je suis riche en costumes! J'ai toute une garderobe mythologique qui m'est restée d'une ancienne fête que nous donnâmes en France à madame de Méran. C'est superbe; tu verras : viens vîte....

THÉCLA.

Mon déjeûner est servi, ainsi tu peux disposer de moi.

GERMAIN.

Nous arrangerons tout cela dans la grange, pour n'être pas surpris.

THÉCLA.

Venez, mes petits amis....

SCÈNE VI.

DZARCOWITCH, seul.

Que diable préparent-ils donc avec tant de mystère? Serait-ce encore quelque fête à l'occasion des nôces? Morbleu! ce mot nôce raisonne à mon oreille comme un houra pour commencer le bataille! Oh! oh! voilà je crois la table du festin! Peste; que tout ceci a l'air appétissant pour un cosaque à jeûn! j'aimerais mieux pourtant une bonne tranche de cheval que tous ces brinborions. Heureusement j'aperçois deux bouteilles... (Il les prend.) La bonne chose que du vin! Cela console facilement des chagrins de l'amour. Ma foi, mettons-nous à table, et déjeunons.... (Il s'assied et déjeûne.) Ah! ah! mademoiselle Sophie, vous êtes donc maintenant madame Adolphe de Méran! Et toi, petite masque rusée, dont j'ai presque fait la sottise d'être amoureux, tu n'as pas voulu devenir madame Dzarcowitch! Cela crie vengeance! Mais, comment nous y prendrons-nous pour punir nos perfides?... Buvons... Cela ouvre l'imagination : c'est peut-être pour cela que les Français, chez qui vient ce bon vin, ont plus d'esprit que nous, et qu'ils sont si alertes à nous souffler nos maîtresses.... (Poulzarow paraît.) Mais qui vient là?!...

SCÈNE VII.

POULZAROW, DZARCOWITCH.

POULZAROW étonné.

Oh! c'est toi, Dzarcowitch!

DZARCOWITCH.

Ouf ! vous m'avez fait une peur ! Je croyais que c'était...

POULZAROW.

Que diable fais-tu là ?

DZARCOWITCH.

Hetman, je suis en faction.

POULZAROW *riant*.

Ce poste me paraît assez bon. — Mais dis-moi, crois-tu que je puisse déjà me présenter au château ?

DZARCOWITCH.

Au château ?.... non !

POULZAROW.

Eh bien, en attendant qu'il y soit jour, apprends mon cher Dzarcowitch, apprends tout mon bonheur ! Oui, tout a réussi au gré de mes vœux, et tu me vois au comble de la joie !

DZARCOWITCH.

Bon !!! — A la bonne heure. — En ce cas là, hetman, asseyez-vous, déjeunez, et buvons à la continuation de votre contentement.

POULZAROW.

Verse tout plein. — A l'amour ! A la vengeance !

DZARCOWITCH.

Oui, mille morts ! à la vengeance ! (*Ils boivent.*) Qu'en dites-vous ?

POULZAROW.

C'est d'excellent Bordeaux.

DZARCOWITCH.

Nous avons là du Champagne pour le dessert. Mais racontez-moi donc ce qui vous rend si joyeux.

POULZAROW.

Tu sais dans quel dessein je me rendis hier à la cour. Notre monarque m'accueillit avec sa bonté ordinaire, et d'abord me parla de mes anciens exploits. Puis, tout-à-coup, en me frappant sur l'épaule : eh bien, hetman, me dit-il, tu veux donc, après les travaux de la gloire, connaître les douceurs de l'hymen. Tant mieux ! marie-toi ; tu donneras à l'état des braves qui te ressembleront ; et puisque c'est la fille de mon colonel général qui fixe tous tes vœux, je consens à dire au comte un mot en ta faveur. Transporté de joie, et d'un espoir qui n'est pas chimérique, je sortais à peine du palais, que, par un surcroît de bonheur, je vois arriver à moi ce courrier que j'avais secrètement envoyé en France, pour y recueillir, à quelque prix que ce fût, tous les renseignemens imaginables sur Adolphe de Méran. Tu connais la finesse et la ruse de Rapaski ; il a de bien loin surpassé mon attente.

DZARCOWITCH.

Bah ! qu'a-t-il donc découvert ?

POULZAROW.

Ce que ma haine pour ce français m'avait presque révélé.

En effet, il est peu naturel de voir un jeune homme de famille déserter sa patrie; un gentilhomme, un français surtout, vendre à l'étranger un bras qu'il doit à son pays : à moins que des raisons puissantes, que des motifs souvent secrets, et rarement honorables, ne l'obligent à changer de climat. Tels étaient mes soupçons sur Adolphe : Rapaski les a confirmés.

DZARCOWITCH.

Ah ! ah ! — Comment donc cela ?

POULZAROW.

Son titre est usurpé; son nom une imposture. — Adolphe n'est enfin que le fruit criminel, ou d'un honteux amour, ou d'une infâme violence. — Son père, qu'il n'a jamais connu, est, dit-on, un de ces barbares de nos déserts, que le sort des combats conduisit jusqu'aux rives de la Seine, et qui disparut avec sa troupe. Quant à sa mère, dont on n'a pu découvrir le véritable nom, on la croit de noble origine. Ce qui paraît certain, c'est que le jeune homme ignore la honte de sa naissance, et ne fait nul doute que sa mère soit veuve du marquis de Méran, qui jamais n'exista. Or, comme il était difficile de cacher long-temps en France une telle imposture, on l'envoya chercher ici l'impunité du mensonge. Mais la vérité, qui perce partout, bientôt va le dévoiler. Déshonoré, dégradé à la tête de l'armée, chassé de son corps comme un vil imposteur, demain peut-être tu le verras aussi bas qu'il est orgueilleux aujourd'hui; et Polindorf un peu honteux de sa folle prédilection pour un petit aventurier, s'empressera de m'offrir lui-même, sur l'ordre de son souverain, la main de ma cruelle cousine, qui s'accoutumera à nos figures de cosaques. — Eh bien! Dzarcowitch, sais-je conduire une intrigue ? — Verse, mon brave, et buvons maintenant à nos prochains mariages.

DZARCOWITCH, se levant.

Hetman, je n'ai plus soif !

POULZAROW.

Tu badines ! Quoi, c'est un cosaque qui refuse de boire ! Tu es donc bien amoureux, mon ami ?

DZARCOWITCH.

Pas tant que vous, hetman; mais j'enrage de bien bon cœur !

POULZAROW.

Eh de quoi donc ? as-tu perdu ta fantaisie pour la petite Thécla ?

DZARCOWITCH.

Je voudrais avoir perdu mes moustaches et n'avoir point à vous apprendre que Rapaski est arrivé trop tard, et que tous les souverains de la terre ne peuvent plus rien pour nos mariages.

POULZAROW.

Que veux-tu dire !

DZARGOWITCH.

Hetman, buvez un coup pour vous fortifier.

POULZAROW.

Eh non, morbleu! parle, que signifie cet étrange discours?

DZARGOWITCH.

On nous les a soufflées. Oui, l'affaire est faite...

POULZAROW.

Par la mort! Quelle affaire? Que nous a-t-on soufflé?

DZARGOWITCH.

Nos femmes, nos maîtresses. Elles sont mariées.

POULZAROW.

Mariées!!!

DZARGOWITCH.

Sophie avec Adolphe, et ma scélérate avec Germain.

POULZAROW.

O rage!!!—Non! tu mens, ou l'on te trompe. Cela n'est pas possible. S'il était vrai!... mais où, quand, comment ces mariages auraient-il pu se faire?

DZARGOWITCH.

On a su vos démarches auprès de l'empereur; on s'est sauvé de Pétersbourg; on vous a gagné de vitesse, et avant-hier, à cinq heures du matin, les deux mariages ont été célébrés à la chapelle du village.

POULZAROW.

Avant-hier!

DZARGOWITCH.

Avant-hier, à cinq heures! — Vous voyez bien que c'est une affaire faite, et refaite... (*Poulzarow garde le silence.*) Hetman, buvons un coup.... il ne m'entend plus... il est devenu muet. C'est la colère qui l'étouffe.

POULZAROW.

Sophie est mariée.... Polindorf a pu me jouer à ce point.... et cet Adolphe, ce vil français, l'emporte sur Poulzarow!.... (*Mettant la main sur son sabre.*) Ah!...

DZARGOWITCH, *l'écoutant.*

C'est cela, ventrebleu! allons leur couper les oreilles.

POULZAROW, *comme un homme préoccupé.*

Arrête! la partie serait égale, et ma vengeance incertaine...

DZARGOWITCH.

Diable! je n'y pensais pas! — Hettmann, faut-il aller chercher des camarades?

POULZAROW.

Non! Oublies-tu donc que j'ai dans les mains des armes bien plus terribles? Elle est mariée: tout espoir est détruit: Eh bien tous, qui tous, ils porteront le poids de ma vengeance. En plongeant Adolphe dans l'abîme, ils ne peuvent se garantir de sa honte; et pour la rendre plus cruelle, il faut lui donner tout l'éclat de la publicité. — Dzarcowitch, il faut aller à Pétersbourg.

DZARCOWITCH.

Oui, Hetman. Pourquoi faire?

POULZAROW.

Tu porteras une lettre au major général de la garde.

DZARCOWITCH.

Où est-elle?...

POULZAROW.

Je vais l'écrire à l'auberge voisine.

DZARCOWITCH.

Je vais seller ma petite jument.

POULZAROW.

Je ne te donne qu'une heure pour aller et revenir.

DZARCOWITCH.

Vous savez comme je galoppe.

POULZAROW, (*toujours préocupé.*)

Allons..... oui; le coup sera prompt, et l'effet infaillible. La dégradation militaire: une tache ineffaçable, et la rupture scandaleuse d'un mariage clandestin. Pour mieux jouir de ma vengeance, laissons d'abord partir la foudre que je vais allumer.... Après l'éclat, je paraîtrai pour mieux les accabler.... jusque-là, je veux feindre de tout ignorer...

DZARCOWITCH.

Hetman, j'entends du bruit.

POULZAROW.

Eloignons-nous.

DZARCOWITCH.

Vous n'avez plus envie de vous présenter au château?

POULZAROW.

Non!.... Ils me verront plus tard!

DZARCOWITCH.

En ce cas, suivons ce petit sentier, nous n'y rencontrerons personne.

POULZAROW.

Marche.

(*Au moment où ils sortent, Germain et Thécla paraissent.*)

SCÈNE VIII.
GERMAIN, THÉCLA.

THÉCLA.

Je te dis que nous n'avons pas une minute à perdre. M. le Comte est de retour, les jeunes époux sont levés, et par le hasard le plus heureux, tous les trois veulent faire un tour de jardin avant le déjeûner: ils vont donc venir d'eux-mêmes où nous les attendons.

GERMAIN.

Vivat! je suis tout prêt; je n'ai plus que ma guitarre à accorder.

THÉCLA, (*l'attirant vers la table.*)

Regarde donc mon petit déjeûner. Vois comme il est joli.

GERMAIN.

Malepeste! c'est fort galant! mais tu n'aurais pas mal fait, ce me semble, au lieu de bouteilles vides d'en mettre de pleines, et d'avoir un peu mieux garni ces assiettes où je ne vois que des restes.

THÉCLA.

Que veux-tu dire....... ô ciel! Quel désordre! quel pillage! tout est mangé, tout est bu! je parie que ce sont les petits garnemens que tu as amenés qui m'ont fait ce beau coup.

GERMAIN.

Non, sur ma foi: ils sont tous en petits cupidons, cachés sous des bottes de foin.

THÉCLA.

Tes cupidons sont des petits bandis! que faire à présent!

GERMAIN.

Réparer le dégât, sans nous embarrasser des coupables..... r'arrange bien vite ces assiettes, le mieux que tu pourras, je vais t'en chercher de nouvelles, ainsi que d'autres bouteilles.

THÉCLA.

Emporte les vides, et dépêche-toi.... (*Germain entre au château avec les bouteilles.*) Comme c'est contrariant! qui donc a pu venir ici! j'aurai bien de la peine à redonner à tout cela un air de nouveauté.... Voyez un peu, il n'y a plus que la moitié du fromage à la crême.... et mes biscuits aux confitures, il n'en reste que trois !.....

GERMAIN, (*revenant avec deux bouteilles.*)

Vite, ces bouteilles sur la table, et allons rejoindre notre petit bataillon ; il est temps qu'il déniche ; la compagnie s'avance.

THÉCLA.

Oui, les voilà tous les trois sous le vestibule.

GERMAIN.

Viens.... viens donc...

THÉCLA , *entraînée par Germain.*

Mon pauvre déjeûner !

(*Ils sortent.... Polindorf, Adolphe et Sophie sortent du château.*)

SCÈNE IX.

POLINDORF, ADOLPHE, SOPHIE.

POLINDORF.

A la bonne heure, soit, un quart d'heure de promenade; pas une minute de plus mais savez-vous, mes enfans, que j'ai déjà couru à cheval pendant deux grandes heures, et que cela ne met pas mal en appétit.

SOPHIE.

Vous savez, mon père, que le déjeûner n'est servi qu'à dix heures.

POLINDORF.

Parbleu, je le crois bien, tu ne te lèves qu'à neuf et demie.

ADOLPHE.

C'est le plus beau moment pour la promenade, M. le comte; Le soleil est levé, mais son éclat est tempéré par la fraîcheur du matin. Ces jardins alors sont délicieux. Le parfum des bouquets, le coup d'œil enchanteur de...... Eh ! qu'aperçois-je ? quelque fée en bonne humeur a sans doute exhaussé vos vœux. Voyez donc, M. le Comte; un déjeûner tout servi sous le bel arbre de Sophie.

POLINDORF.

Un déjeûner !.... Oui, parbleu !

SOPHIE.

Oh ! la bonne rencontre.... De la crême, des biscuits... C'est tout ce que j'aime.

POLINDORF.

Du Bordeaux et du Champagne. — C'est moi qu'on attendait, la preuve en est claire.

ADOLPHE.

Doucement, M. le Comte : un, deux et trois couverts, chacun de nous a le droit de prendre ici sa part d'une attention si délicate.

POLINDORF.

Mon cher Adolphe, je suis de votre avis... Oui, prenons chacun notre part d'un repas offert si bien à propos.

SOPHIE.

Vous avez tous deux raison. — A table mon père. — Viens de ce côté Adolphe. (*Ils s'asseoient tous les trois.*) Comme on est bien sous ce berceau !

(*Musique champêtre.*)

POLINDORF.

Hé ! qu'est-ce cela !.

SOPHIE.

Chut !

ADOLPHE.

Cette musique champêtre nous annonce encore quelque nouvel enchantement.

SOPHIE.

Hé ! voyez donc, voyez donc !

3

SCÈNE X.

LES PRÉCÉDENS, GERMAIN, *tenant une guitarre*, THÉ-CLA, *apportant des bouquets*, troupes d'enfans vétus allégoriquement *portant aussi des bouquets.*

Au son d'une musique champêtre, que Germain accompagne de sa guitarre, le petit cortège s'avance en dansant, et présente des bouquets à Sophie. Au même instant plusieurs petits amours paraissent groupés autour de l'arbre, et jettent des guirlandes de fleurs qui forment une espèce de dais, sous lequel on aperçoit un transparent portant ces mots : LE TEMPS L'EMBELLIT.

POLINDORF.

Mais c'est charmant !

Germain prélude sur sa guitarre et Thécla s'avance pour chanter.

THÉCLA, (*pendant ce prélude.*)

Dis-donc, Germain, j'ai bien peur.

GERMAIN.

Fi donc, de la hardiesse !

THÉCLA.

Mais je ne sais pas chanter.

GERMAIN.

Qu'importe, c'est en famille ; va, je marquerai la mesure.

THÉCLA, *accompagnée par Germain.*

(*Pendant le chant, les enfans exécutent un petit ballet pantomime, dont les couplets sont en quelque sorte le programme.*)

I.er

Le Tems qui fuit d'un vol rapide,
Sous l'aspect d'un vieillard méchant,
Lorsque l'Amour lui sert de guide,
Vient sous les traits d'un bel enfant.
Du printems il offre l'image ;
Jeune beauté lui rend hommage ;
Et c'est alors qu'il nous convient,
De prendre le tems comme il vient.

II.e

Jeux et Plaisirs forment la chaîne
Dont l'Amour enlace le Tems ;
De belle en belle il le promène,
Versant ses dons sur mille amans.
C'est ainsi qu'il charme la vie,
Et vous voyez, tendre Sophie,
Comme à fêter vos dix-sept aus,
L'Amour sait employer le tems.

SOPHIE, (*instruite par les derniers mots.*)
Ah! mon père; c'est le jour de ma naissance!

POLINDORF.
Ai-je pu l'oublier!... Mais qu'entends-je!...
(*Mouvement général.*)
(*Poulzarow paraît.*)

THÉCLA, *le montrant à Germain.*
Ah! Germain!

GERMAIN.
Que vois-je!... c'est bien le diable!

POLINDORF.
Qu'est-ce donc; mes amis, qu'arrive-t-il?

THÉCLA, *courant au berceau.*
Poulzarow!

POLINDORF, ADOLPHE ET SOPHIE, *se levant.*
Poulzarow!

SCÈNE XI.

LES MÊMES, POULZAROW.

POULZAROW, *s'avançant.*

Pourquoi donc interrompre votre fête et vos danses? mon aspect vous cause-t-il de l'effroi? je viens comme vous, mes amis, présenter mes hommages à l'aimable personne dont vous célébrez la naissance.... oui (*appuyant.*) mademoiselle, ce jour rappelle à la mémoire de tous ceux à qui vous êtes chère une époque trop intéressante, pour qu'elle puisse jamais s'effacer de leur souvenir.

Sophie, répond par une révérence.

THÉCLA, *à Germain.*
Cela n'est pas mal tourné pour un cosaque.

POLINDORF.
Poulzarow, je vous remercie d'une attention si flatteuse pour ma fille.

GERMAIN, *à part.*
Elle s'en serait bien passé, je crois.

POULZAROW.
En faveur du motif, vous me pardonnerez donc, M. le Comte, de vous avoir surpris dans votre solitude. Et vous, belle Sophie, aviez-vous espéré vous y soustraire à nos hommages? (*D'un ton un peu moqueur :*) Vous ne savez donc pas combien l'amour est indiscret?

ADOLPHE, *à part.*
La conversation ne s'engage pas mal; et me voilà dans un joli rôle.

POULZAROW.
Eh! quoi, mademoiselle, toujours silencieuse, toujours les

yeux baissés : (*avec une légère ironie :*) avec tant de candeur , de simplicité , et surtout de sincérité , doit-on craindre de rencontrer un regard ?

ADOLPHE, *à part.*

Tout-à-l'heure il va lui faire une déclaration !

POULZAROW.

Qu'avez-vous donc aussi, M. le Capitaine ; vous paraissez bien agité ?....

POLINDORF.

Poulzarow, cet entretien nous jette, il est vrai, dans un étrange embarras : permettre qu'il se prolonge sur le même ton , ce serait manquer aux égards que je vous dois , et qui me prescrivent de faire cesser votre erreur : ma fille est mariée, et j'ai l'honneur de vous présenter , dans M. le Chevalier de Méran , son époux et mon gendre.

POULZAROW , *après un moment de silence.*

Je le savais , M. le Comte.

Tout le monde fait un geste de surprise.

ADOLPHE.

Pourquoi donc avez-vous feint de l'ignorer, Monsieur ?

POULZAROW.

Pour voir jusqu'où l'on pousserait à mon égard la dissimulation.

ADOLPHE.

Cette épreuve vous paraît-elle sans danger ? Et pensez-vous que les discours que vous tenez à Madame , devant celui que vous saviez son époux ; pensez-vous qu'ils n'ont rien d'offensant ?

POULZAROW , *ironiquement.*

A la chaleur que vous mettez à faire éclater vos droits et votre titre d'époux , on serait tenté de croire que vous n'êtes pas sûr de les bien posséder.

ADOLPHE.

Cette insulte....

SOPHIE.

Mon ami !....

POLINDORF.

Poulzarow !....

POULZAROW.

Ah ! rassurez-vous , M. le Comte ; calmez-vous , belle Sophie : si j'avais à me plaindre, ce serait tout au plus du mystère que vous m'avez fait d'un mariage si précipité : et je pourrais vous faire observer que l'amitié qui nous unit , plus encore que notre lien de parenté , aurait dû vous engager à me témoigner plus d'égards. Mais hélas ! que sont ces frivoles sujets de crainte , comparés aux regrets amers , aux chagrins dévorans, dont cet hymen un jour peut devenir la source : et viendrais-je punir l'oubli de quelques formalités que je méprise, quand je vous vois prêts à tomber dans un abîme, qu'aucun pouvoir ne peut déjà plus fermer sous vos pas.

POLINDORF.

Grand dieu ! que voulez-vous dire ?

POULZAROW.

Malheureux père !

ADOLPHE.

Poulzaròw ! c'en est trop ! Expliquez-vous enfin : Ces discours vrais ou faux, n'ont que moi pour objet. Eh quoi ! de quel soupçon pourrait-on me flétrir ? de quelle odieuse calomnie pourrait rougir mon front, lorsque mon cœur est pur : quand ma vie est sans tache ?

POLINDORF.

Eh bien ! vous gardez le silence ?

POULZAROW.

Si je prévois des malheurs, pourquoi vouloir que je vous les révèle? jouissez du bonheur que vous vous êtes créé : le temps agira bien sans moi.

POLINDORF.

C'en est assez, Poulzarow; du ton de l'ironie amère, vous avez passé trop tôt à celui de la calomnie; je l'avoue, mon cœur a frémi : mais le calme vient d'y rentrer. Après un tel éclat, je ne vous engage pas à nous suivre au château.

POULZAROW.

J'y viendrai cependant, lorsque ma présence y sera nécessaire..... (*Le Comte le regarde étonné.*) Bientôt....Peut-être aujourd'hui même.

ADOLPHE, *à part.*

Dois-je contenir mon indignation !

SOPHIE.

Adolphe !...Adolphe !...

Le Comte est frappé d'étonnement. —Adolphe est impatient. Sophie observe son mari avec inquiétude. Poulzarow les salue avec affectation. Germain et Thécla ont l'air de se parler en observant Poulzarow. Les enfans sortent les derniers.

SCÈNE XII.

POULZAROW, RAPASKY, *peu après.*

POULZAROW.

C'en est fait, odieux rival, ton bonheur est déjà détruit ; tout-à-l'heure ton supplice commencera.

RAPASKY, *qui a déjà paru vers le fond.*

Hetman, êtes-vous seul, enfin ?

POULZAROW.

Que vois-je, c'est toi, Rapaski !

RAPASKY.

Depuis une heure je rôde aux alentours, en attendant que
le Comte, sa famille et ses gens s'éloignent, pour vous parler
en liberté. Dzarcowitch que j'ai rencontré, courant à bride
abattue, sur le chemin de Pétersbourg, m'a crié tout en ga-
loppant, que votre mariage avec la belle Sophie, n'est point
fait et ne peut se faire. Serait-il vrai ?...

POULZAROW.

Sansdoute : mais pourquoi te vois-je ici ?

RAPASKY.

Vous allez le savoir. Ce matin à peine faisait-il jour, qu'un
homme mal vêtu, et dont l'extérieur annonce la misère, demande avec importunité à parler à l'Hetman Poulzarow.
D'abord on l'écarte avec assez peu d'égards : mais l'obstina-
tion avec laquelle il insiste, ayant élevé quelque rumeur parmi vos gens, le bruit vient jusqu'à moi. Pour mettre fin à ce
débat, je me fais amener l'inconnu et lui demande ce qu'il
vous veut. — Ce que je veux, me répond-il, d'un ton fort
décidé, je veux rendre à l'Hetman un grand service. Il est
riche et libéral, il me fera du bien ; et j'empêcherai qu'il lui
arrive du mal. J'ai entendu dire, poursuit cet homme, que
Poulzarow doit se marier, et qu'il doit épouser la fille ou plutôt la prétendue fille du comte Polindorf...

POULZAROW.

La prétendue fille !....

RAPASKY.

Ce sont ses propres termes : la demoiselle est belle et paraît
fort aimable ; mais fût-elle cent fois plus parfaite, elle ne lui
convient pas ; et quand j'aurai vu l'Hetman, quand je lui aurai dit quatre mots en tête à tête, il se gardera bien de l'épouser. — A ce discours, à l'air dont il est prononcé, je suis tenté de prendre cet homme pour un fou. Cependant il insiste
avec tant de chaleur, en me rendant responsable de tout le
mal qui peut vous arriver, que je prends enfin le parti de vous
l'amener. Je fais donc seller deux chevaux : nous partons au
grand galop, nous arrivons de même : et mon homme attend
à l'hôtellerie voisine, l'instant propice pour vous parler.

POULZAROW.

Voilà un incident bien extraordinaire....Quel est le nom de
cet homme ?

RAPASKY.

Il n'a pas voulu le dire.

POULZAROW.

Et il prétend connaître la fille du comte Polindorf ?

RAPASKI.

Très-particulièrement. — Il est, ajoute-t-il, dépositaire
d'un secret de la plus haute importance qu'il ne peut et ne
veut découvrir qu'à vous seul.

POULZAROW.

Et pourquoi ne l'as-tu pas amené jusqu'ici ?

RAPASKI.

Il me suivait : mais dès qu'il s'est aperçu que nous entrions dans les jardins du château de Polindorf, il s'est arrêté d'un air tout effrayé. — Je ne vais point là, dit-il ; je suis connu dans cette maison : j'ai servi chez Polindorf pendant plusieurs années. J'y étais à l'époque de la naissance de sa fille, et par conséquent de la mort de la comtesse. Il s'est passé alors des choses bien extraordinaires. — Puis s'arrêtant comme s'il en avait trop dit, allez tout seul, ajouta-t-il, j'attendrai l'hetman dans la première auberge. — A ces mots il m'a quitté, et moi, je suis venu vous chercher, et je vous ai trouvé.

POULZAROW.

Il a servi chez Polindorf.... veut me parler en secret.... et doit me faire des révélations importantes, dont il paraît que Sophie est l'objet.... Hâtons nous de voir cet homme ; il ne faut rien négliger... tout peut servir mes projets de vengeance. Allons, conduis moi.

Fin du premier acte.

ACTE II.

(*Le théâtre représente l'intérieur d'un pavillon du château ; le fond s'ouvre sur les jardins.*)

SCÈNE PREMIÈRE.

ADOLPHE, SOPHIE.

ADOLPHE.

Non, ma chère Sophie, je ne puis maîtriser l'indignation que m'inspire cet odieux Poulzarow.

SOPHIE.

Voyez donc le grand mal qu'il nous fait, pour tenir, dans sa mauvaise humeur, des propos ridicules, dont tout l'odieux retombe sur lui-même ?

ADOLPHE.

Mais ces propos m'outragent.

SOPHIE.

Mon père en croit-il un seul mot ? peuvent-ils empêcher que je sois toujours ta Sophie. Adolphe, il y a trois jours, que me disais-tu, là, précisément à cette place : *ô ma Sophie,* et tu étais à mes genoux, *de toi seule désormais dépendra le destin de ma vie ; tu seras l'unique source de ma douleur et de ma joie : que m'importe tout l'univers quand je lis dans tes regards l'assurance de mon bonheur ; quand ta bouche répète avec moi le mot si doux je t'aime !* Eh bien, ce mot, depuis tantôt, j'ai beau te le dire, il ne paraît plus te faire le même effet.

ADOLPHE.

Ô ma charmante Sophie, pourrrais-tu le penser ? Non, non, loin d'épuiser mon amour, le bonheur que je goûte semble encore l'augmenter ! De toi, oui, toujours de toi seule dépendra le destin de ton Adolphe.

SOPHIE.

A la bonne heure ! je te reconnais à présent. Mon ami, parle moi toujours comme cela, bien souvent du moins.

ADOLPHE.

Ah ! toute ma vie ! Mais la tendresse que tu m'inspires serait indigne de toi, si l'honneur....

SOPHIE.

Encore ! Monsieur, je suis votre femme, et je vous défends de..... *(Le comte paraît.)*

SCÈNE II.

LES MÊMES, POLINDORF.

POLINDORF.

Ah ! c'est vous, mes enfans. (*Fixant Adolphe.*) J'étais inquiet....

SOPHIE.

Oh ! vous venez bien à propos, mon père. Je vous en prie, grondez d'abord Adolphe, et prescrivez lui bien, ensuite, la conduite qu'il doit tenir. Parce que je suis sa femme, Monsieur ne m'écoute plus : mais vous, il n'osera pas vous désobéir.

POLINDORF.

Tu crois cela, ma Sophie ; tu ne connais donc pas tout le pouvoir de ton sexe ? Mais voyons, pourquoi veux-tu d'abord que je le gronde, et que faut-il ensuite lui prescrire ?

ADOLPHE.

M. le comte.....

SOPHIE.

Ce n'est pas toi qu'on interroge. Oh ! tu n'auras pas raison. D'abord, mon père, figurez-vous qu'il veut se battre avec Poulzarow,

POLINDORF.

Adolphe !....

ADOLPHE.

Ma chère Sophie, je ne crois pas t'avoir dit cela....

SOPHIE.

Pas tout-à-fait : Mais qu'est-ce que cette grande colère qui te transporte, que ces menaces de punir ses outrages ? Adolphe ne mentez pas : je sais très-bien qu'entre militaires, on ne se dispute qu'à coups d'épée.

ADOLPHE.

M. le Comte sait aussi qu'entre militaires l'honneur marche avant tout.

SOPHIE.

Vous l'entendez, mon père ?

POLINDORF.

Adolphe, vingt années passées glorieusement dans la carrière des armes, mon caractère, et ma tendresse pour mes enfans, vous paraissent-ils me mériter de votre part une confiance sans borne ?

ADOLPHE.

Ah ! M. le Comte, le père de Sophie pourrait-il en douter ?

POLINDORF.

Donnez-moi donc votre parole d'honneur de ne rien faire sans mon conseil, de ne rien entreprendre sans mon consentement.

ADOLPHE.

Je vous le jure.

POLINDORF.

Sophie, es-tu plus tranquille ?

SOPHIE.

Pas beaucoup, mon père.

SCÈNE III.

LES MÊMES, GERMAIN accourant.

GERMAIN.

Deux courriers à-la-fois arrivent de Pétersbourg ; l'un avec ces dépêches pour M. le Comte....(Il les donne.)

POLINDORF.

Les armes du Ministre !... Que signifie....(Il ouvre, et lit bas.)

GERMAIN.

L'autre avec cette lettre pour M. le Chevalier....

ADOLPHE.

Pour moi !... Dieu ! si c'était....Oui, je reconnais l'écriture... O ma Sophie, c'est de ma mère !

Il ouvre, et lit avec émotion. Sophie passant son bras sous le sien, lit avec lui. Ce groupe forme un à-parté.

POLINDORF, *à Germain.*

Fais tout préparer pour mon départ : dans une heure je monterai à cheval.

GERMAIN.

M. le Comte nous quitte ?

POLINDORF.

Pour quelques heures seulement : je serai de retour aujourd'hui. — Va.

GERMAIN.

Oui, M. le Comte, je viendrai vous avertir.(Il sort.)

4

SCÈNE IV.

POLINDORF, ADOLPHE, SOPHIE.

POLINDORF.

Qu'est-ce donc, Adolphe? cette lettre vous cause bien de l'émotion?

SOPHIE.

Mon père, madame de Méran est arrivée.

ADOLPHE.

Oui, monsieur le comte, je suis au comble de la joie! Ma mère est à Petersbourg; dans quelques heures nous la verrons ici.

POLINDORF.

Dans quelques heures! il faut précisément, à l'instant de son arrivée, que je sois contraint de partir! quelle contrariété!

ADOLPHE.

Eh bien, monsieur le comte, nous partirons avec vous, nous irons tous à Petersbourg au-devant de ma bonne mère!

SOPHIE.

Oh! oui, cela sera charmant!

POLINDORF.

Impossible: l'empereur a quitté le palais ce matin; il passe la journée au château de son frère, qui est sur la route opposée; et je viens de recevoir l'ordre de m'y rendre.

SOPHIE.

Pourquoi donc, mon père?

POLINDORF.

Sa majesté veut avoir mon avis sur quelques corps nouveaux dont la création l'occupe. Je suis au désespoir de ce contre-temps.

ADOLPHE.

Ah! ma mère en aura aussi bien du regret. Si vous saviez avec quelle impatience elle aspire à vous voir! Écoutez, monsieur le comte, écoutez la fin de sa lettre. Elle sait déjà notre mariage; c'est de Petersbourg qu'elle écrit pour nous annoncer son arrivée: « Je ne puis m'expliquer, mon cher Adol-
» phe, l'étrange sentiment qui trouble et charme mon cœur,
» en approchant du terme de mon voyage: te voir, t'em-
» brasser, presser sur mon sein ta jeune et tendre épouse,
» voilà peut-être la douce attente dont la pensée m'agite. Ah!
» que j'aurai surtout une joie bien vive à témoigner à mon-
» sieur le comte toute l'estime qu'il m'inspire! oui, ma re-
» connaissance veut égaler la tienne; il a fait ton bonheur,
» il a donc fait celui de ta mère. Dis-lui que je compte les
» heures qui doivent encore nous séparer, et que la plus heu-
» reuse de ma vie sera celle où je retrouverai mon Adolphe
» dans les bras d'un père et d'une épouse ».

« Ta mère et tendre amie, ADÈLE ».

POLINDORF, *avec expression.*

Adèle!

ADOLPHE.

Jamais avec moi, elle ne signe d'autre nom.

POLINDORF, *vivement ému, à part.*

Hélas! c'était bien là son cœur, ses sentimens, toute son âme. Oui, voilà comme elle eut écrit à son fils.

SOPHIE, *qui observait son père.*

Mon père, qu'avez-vous donc? pourquoi vos yeux se remplissent-ils de larmes?

POLINDORF.

Ah! rassure-toi, ma fille, rien d'affligeant . . . ce nom d'Adèle, cette lettre . . . tu sais l'impression que fait sur moi tout ce qui me retrace inopinément le souvenir de la France.

SOPHIE.

Oh! oui, je le sais bien! et cela me tourmente assez. Vous souvenez-vous, mon père, un jour que vous étiez bien triste et que je vous demandais le sujet de votre affliction; vous souvenez-vous que vous me promîtes de me l'apprendre quand je serais grande et mariée? certainement je suis grande, et je suis mariée.

POLINDORF.

Crois-tu que depuis long-temps il ne m'eût pas été bien doux de pouvoir épancher mon cœur? mais la crainte de t'affliger! . . . .

SOPHIE.

Oh n'ayez pas peur; tant que vous ne m'aimerez pas moins, et qu'Adolphe ne se battra pas, vous ne m'affligerez jamais.

POLINDORF.

T'aimer moins; tu ne peux pas le craindre: mais si ma tendresse, sans diminuer pour toi.... (*prenant la main d'A-dolphe*), ni pour vous, mon cher Adolphe, se partageait entre vous et . . .

SOPHIE.

Et qui donc?

POLINDORF.

Un fils.

ADOLPHE.

Un fils!

SOPHIE.

Un fils! quoi, j'aurais un frère?

POLINDORF.

Oui, s'il existe encore.

SOPHIE.

Et où donc est-il, votre fils?

POLINDORF.

C'est en France qu'il a reçu la vie; jamais je ne l'ai vu; jamais je ne l'ai pressé sur mon cœur.

SOPHIE.

Eh bien, mon père, il faut aller le chercher. Oh ! comme
nous l'aimerons tous ! n'est-ce pas, Adolphe.

ADOLPHE.

Oh ! oui, monsieur le comte ! mais pourquoi donc fut-il
abandonné ?

POLINDORF.

Abandonner mon fils ! pourriez - vous m'en soup-
çonner !.... apprenez, mes enfans, le malheur d'un moment
et l'histoire de ma vie. Je vous devais cet aveu, vos cœurs en
sont bien dignes. Ma famille est originaire de la vaste pro-
vince dont Tobolsk est la capitale Mon père se nommait
Balthazar ; et c'est sous ce nom que j'ai commencé ma carrière militaire. Toute l'Europe prenait les armes, et les
rois commandaient en personnes. Entraîné par la fougue
de la jeunesse, par une ardeur effrénée pour les actions péril-
leuses, je levai à mes propres frais un corps de ces cosaques
indépendans, qui font la guerre sous les yeux de leurs souverains, mais qui n'obéissent qu'à leur chef, et je viens moi-
même, à la tête de deux mille cavaliers, faire hommage à
l'Empereur de cette troupe impatiente de combatre. Accueilli,
comblé d'éloges, je partis à la suite de ces armées immenses
que l'Europe enfanta pour conquérir la paix. Déjà, dans notre
marche rapide, nous avions pénétré jusqu'au sein des belles
provinces de votre patrie. Avide d'en parcourir le midi,
je m'éloigne imprudemment des grands corps de l'armée.....
fatale imprévoyance ! surpris tout-à-coup par un corps dix
fois plus nombreux que le nôtre, il faut mourir ou rendre les
armes ! Mourons, m'écriai-je ! c'est le destin des braves !
de toute part on se précipite, la mort vole, le carnage est
affreux. Mais hélas ! atteint bientôt de deux blessures profondes, je sens mes forces s'épuiser, ma vue se trouble, mes
yeux se ferment, et je m'évanouis sur le champ de bataille.....

SOPHIE.

Grand dieu !

POLINDORF.

Quand je repris mes sens, je me trouvai dans un riche appartement. Un chirurgien visitait mes blessures, et un militaire
respectable, décoré de plusieurs ordres, se tenait debout
au chevet de mon lit. Où suis-je m'écriai-je : chez le comte d'Ormeville, me répondit le militaire, qui a eu l'honneur de faire
prisonnier un des plus braves officiers Russes. Quel sera
mon sort, ajoutai-je, serai-je conduit dans votre capitale ?
non, monsieur, me répondit-il ; votre état ne le permet pas :
j'ai obtenu la permission de vous garder chez moi ; accordez-
moi la grâce de vouloir bien y rester. Je voulus lui témoigner ma reconnaissance, mais le chirurgien m'ordonna le silence le plus profond et le comte sortit avec lui. Resté seul,

et accablé de fatigue, je m'endormis profondément. A mon réveil, ma mémoire encore incertaine et confuse me livrant aux écarts d'une imagination brûlante, ce que je vis me parut être une illusion enchanteresse! Les rideaux de mon lit étaient à demi-ouverts; sur un sopha placé sous une fenêtre dont les draperies affaiblissaient le jour, une jeune personne était assise. D'abord je la pris pour un ange: seize ans au plus paraissaient son âge; de longs cheveux, relevés avec grâce, couronnaient son front où siégeait la candeur..... toute sa figure était céleste; on y voyait briller tous les charmes de son âge, tous les attraits de son sexe. Longtemps, croyant jouir d'une illusion divine, je n'osai respirer dans la crainte de détruire un si charmant prestige... Mes yeux ne pouvaient plus s'en détourner, toute mon âme y semblait attachée; mais un léger bruit, occasionné par l'entrée d'une autre femme qui me parut devoir être sa gouvernante, m'ayant tiré de cette douce extase: Dieu! m'écriai-je, n'est-ce donc point un songe! peut-il bien exister un être aussi parfait! A ces mots, la jeune personne se lève; s'approche en souriant, et me dit d'une voix ravissante: je suis la fille du comte d'Ormeville. Mon père, avant de retourner au régiment qu'il commande, vous a confié à mes soins, et je lui obéis. Je ne vous peindrai pas les diverses émotions d'une âme ardente et neuve; l'enchantement où me plongèrent les soins touchans que me rendit cet ange tutélaire; enfin tous les détails d'un amour qui dès l'instant de sa naissance ne pouvait plus s'accroître. Mes blessures, quoique profondes, n'étaient point dangereuses: en moins d'un mois je fus convalescent. Pendant cet intervalle, le comte parut quelquefois chez lui; mais forcé de suivre les opérations de l'armée, il n'y restait que peu d'instans. Hélas! toujours avec sa fille; livré sans distraction, sans relâche à une contemplation qui redoublait mon ivresse, pouvais-je cacher longtemps un amour que mon cœur ne pouvait plus contenir! Adèle..........

ADOLPHE.

Adèle!

POLINDORF.

C'était son nom: c'est aussi celui de votre mère.... Mon Adèle connut bientôt mon amour: à seize ans se défend-on d'aimer! j'en avais vingt, je l'adorais... Ah! malheur à l'homme froid, au cœur faux ou glacé, qui oserait me dire que la vertu n'était pas dans nos cœurs; et pourtant, nous ne vîmes pas au-delà de l'instant du bonheur!... Tout avait changé pendant ma courte captivité: la paix venait de succéder aux horreurs de la guerre; le comte revint dans ses foyers. Nos discordes sont finies, me dit-il: la paix nous rend amis; vous emporterez mon estime, je garderai votre souvenir.... adieu, monsieur; vous êtes libre. Partez. A ces mots foudroyans, Adèle, pâle et tremblante, n'a plus la force de cacher ni son

secret, ni sa douleur; et moi, tombant aux genoux de son père,
je ne trouve pour m'exprimer que des larmes et des san-
glots. Hélas! ce tableau, trop énergique, n'eut pas besoin
d'autre explication. Vil ennemi, s'écria le comte ; méprisa-
ble barbare, dont le courage me cacha la bassesse, tu périrais
de ma main si je n'avais sauvé tes jours! fuis, fuis à jamais la
présence d'un vieillard que ton crime déshonore! Attaché
à ses pieds, que je baignais de larmes, il vit mon désespoir,
il vit mon égarement. Adèle, mourante dans mes bras, eût
attendri le cœur des tigres. Je demandais mon épouse, mon
épouse ou la mort. Il resta sourd au cri de la nature, inexo-
rable à nos remords : on m'arracha sa fille, et je fus, comme
un brigand, chassé de sa présence.

SOPHIE.

Le cruel! Ah! je suis sûre que votre Adèle n'aura pu survivre à cet arrêt.

POLINDORF.

On peut tout supporter quand on doit être mère.

ADOLPHE.

Mais vous, M. le comte, vous avez pu souffrir....

POLINDORF.

Adolphe, c'était le père d'Adèle! Je passai une nuit affreuse.
Au point du jour je reçus un billet du comte.... Le cruel !...
J'ai mandé ma coupable fille, me disait-il, et pour mieux la
soustraire à ton odieux amour ; je l'entraîne à jamais sous un
ciel étranger. Tu ne la verras plus. Peignez-vous mon désespoir à ce fatal arrêt! Hélas! il ne fut que trop accompli! dans
la nuit même, le barbare avait disparu, ne laissant aucune
trace de sa fuite. Accablé d'une douleur mortelle, la France
me devint odieuse; je revins en Russie. Le dégoût de la vie
m'excitant à braver tous les dangers, m'acquit bientôt cette
réputation brillante qui me valut le grade que j'occupe, et le
titre de comte Polindorf. Ce fut alors que ma famille, m'excé-
dant de ses sollicitations, je consentis à épouser ta mère, l'aimable Valeska. Elle était digne d'un cœur que n'eut point
aimé Adèle. Dix mois après notre hymen, tu vis le jour, ma
Sophie ; mais je perdis mon épouse, et j'arrosai ton berceau des pleurs du plus profond regret. Hélas! plus d'une
fois aussi, j'eus à trembler pour tes jours. A peine au monde,
tu semblais vainement lutter contre la mort : Je promis tout
si l'on te conservait à ma tendresse, soit que l'espoir des ré-
compenses engageât à redoubler de soins, soit plutôt que la
nature fit un prodige en ta faveur, tout-à-coup on te vit prendre une existence nouvelle, qui surprit autant qu'elle ravit
mon cœur.

ADOLPHE.

Ah! M. le comte! comme vous avez fait battre le mien!

POLINDORF.

Cependant, redevenu libre.... Ah! qu'un premier amour

s'éteint difficilement! Je voulus revoir la France, cette contrée pour moi si funeste et si chère! (*Courte pause et changement de ton.*) O mes enfans, quels changemens heureux partout s'étaient operés; et si mon cœur avait pu goûter quelque jouissance, qu'il eût été ravi du spectacle enchanteur que la France offrit alors à ma contemplation! Dix années d'un règne paternel et d'une paix profonde, avaient fermé les plaies sanglantes, ouvertes par vingt cinq ans de guerres et de fureurs. De riches moissons couvraient ces belles campagnes que j'avais vu ravager par la flamme: le laboureur, courbé sous le fardeau des ans, s'appuyait avec orgueil sur le tendre fils qu'on arrachait naguères à sa vieillesse, et la jeune fille se couronnant de fleurs, suivait à l'autel son jeune amant que l'affreux signal du carnage le lendemain n'éveillait point dans ses bras. Tout respirait la joie, tout inspirait le bonheur; plus de haine, plus de discordes. Les pères avec prudence cachaient à leurs enfans les causes de leurs douleurs passées; ils craignaient d'en rougir! seulement ils disaient: nous fûmes bien malheureux!.... mais le ciel nous pardonna; et tous les cœurs alors s'unissaient pour bénir le plus juste, le plus clément, et le meilleur des rois!

ADOLPHE.

O ma chère patrie!

POLINDORF.

Hélas! ils étaient tous heureux, et moi, debout, immobile devant la maison du comte toujours déserte, je la contemplais, et je pleurais. Un vieillard m'aborde; il avait connu jadis notre amour et nos malheurs. Bon jeune homme, me dit-il, vous la cherchez encore! prenez courage, elle existe, et son fils la console. A ces mots, peignez-vous mon délire! J'avais un fils un fils! je songeai à mon rang, à mes titres, à la faveur du monarque! que de motifs pour fléchir le père de mon Adèle! tout mon amour se réveillait. Je fis mille questions. Le vieillard ne put y satisfaire; il tenait ce peu de mots d'un voyageur, ami d'un des serviteurs du comte, qui, passant par la contrée, y avait répandu le bruit que le comte habitait un pays étranger, qu'il ne désigna point, et que sa fille, devenue mère, y passait, sous un autre nom, pour la veuve d'un militaire. Voilà tout.

ADOLPHE.

Quelle obscurité!

POLINDORF.

Hélas! J'étais prêt à retomber dans le même désespoir! pour la dernière fois je le quittai ce pays à qui je dois le tourment de ma vie! Je le quittai; mais en emportant dans mon sein le trait fatal qui le déchire! (*A Sophie.*) Je te revis, ô ma Sophie! Combien le temps avait embelli ton enfance! et que je ressentis de doux transports, en te pressant sur mon cœur paternel! Oui, tu sus m'arracher à ma profonde douleur, et tu versas sur mes tristes jours tous les charmes de ta jeunesse !

SOPHIE.

O mon père !
(*Il la serre dans ses bras. — Germain entre.*)

SCÈNE V.

LES MÊMES, GERMAIN.

GERMAIN.

Tout est prêt pour votre départ, M. le Comte : votre cheval est sellé ; Vasky courra devant. Péters et Carlowich vous accompagneront.

POLINDORF.

Fort bien. Ma Sophie, mon cher Adolphe, combien mon cœur vient de se soulager en s'épanchant dans le vôtre ! Ah ! qu'un père est heureux de trouver dans ses enfans, des amis aussi tendres !

ADOLPHE.

Ah ! M. le Comte, ils sauront toujours partager vos chagrins.

POLINDORF.

Et moi leur bonheur. Allons, il faut partir : je vais saisir cet instant favorable pour annoncer à sa Majesté votre mariage avec ma fille : je ne suis pas fâché de devancer Poulzarow. Vous, Adolphe, souvenez-vous de la promesse que vous m'avez faite.

ADOLPHE.

M. le Comte, ma mère arrive ; voudrais-je l'affliger ?

POLINDORF.

Adieu, mes amis, adieu. (*Il donne un baiser à Sophie.*) Dans quelques heures nous serons tous réunis. Germain, viens tenir mon cheval.

SCÈNE VI.

ADOLPHE, SOPHIE.

(*Adolphe paraît rêveur.*)

SOPHIE.

Adolphe !....Adolphe !.... Qu'as-tu donc, mon ami ? Pourquoi deviens-tu si rêveur ?

ADOLPHE.

Ma chère Sophie, je ne sais, le récit de ton père m'a singulièrement ému !

SOPHIE.

Et moi aussi, mon ami ; mais il ne peut altérer notre bonheur. Allons, songeons plutôt à l'arrivée de ta mère : si tu savais comme je suis impatiente de la voir !

ADOLPHE.

Et moi !...: Ma bonne mère !.... Ah ! je voudrais déjà me trouver dans ses bras.

SOPHIE.

Eh ! bien , pour y être plus tôt, allons au devant d'elle.

ADOLPHE.

Tu as raison. (*Il appelle.*) Germain ! Nous irons jusqu'à la grande auberge....Germain ! Germain ! Comme elle sera surprise de nous trouver là tous les deux !... Germain ! Ces domestiques sont d'une lenteur..

SOPHIE.

Va toi-même, tu donneras des ordres.

ADOLPHE.

Oh ! oui ; c'est le moyen d'en finir....

SCÈNE VII.

SOPHIE, *seule.*

Aimable Adolphe ! que tes sentimens sont purs ! que ton âme est ardente et sensible ! oui, la plus heureuse des femmes doit être celle qui possède ton cœur... et je suis bien sûre qu'il est à moi tout entier. Je vais donc aussi avoir une mère. Que ce nom me semble doux ! comme je vais lui confier tous les petits secrets de mon cœur ! Toute la journée nous causerons ensemble; nous parlerons d'Adolphe, et elle m'appellera sa fille ! A présent, pour être parfaitement heureuse, il ne me manquerait plus que d'avoir ici mon frère.... oui, il nous faut absolument mon frère... d'après ce que mon père vient de dire , il doit avoir 20 ou 21 ans; c'est justement l'âge d'Adolphe : il sera son ami. Je crois me voir entre mon mari et lui : comme je serai fière avec mes deux cavaliers ! Oh ! je ne craindrai plus alors ni Poulzarow, ni personne au monde..... Mais j'entends du bruit. On vient sans doute me chercher pour partir....

SCÈNE VIII.

SOPHIE, GERMAIN.

GERMAIN.

Madame ! madame !....

SOPHIE.

Eh bien?

GERMAIN.

Ah ! vous voilà ! La voiture est attelée, mon maître vous attend , il ne tient plus d'impatience.

SOPHIF.

Ah ! son empressement n'est pas plus grand que le mien.... Germain, tu auras soin de tout disposer pour notre retour.

(*Elle sort.*)

5

SCÈNE IX.

GERMAIN, *seul.*

Encore une fête! allons, mon esprit, il faut qu'on s'évertue! Des danses à régler, des festins à ordonner. Ma foi, vive la joie! c'est comme une noce perpétuelle! c'est dommage qu'au milieu de toutes ces réjouissances, ce Poulzarow et ces maudits cosaques soient toujours là, comme des spectres dont l'apparition subite vient déranger toute notre gaîté. Que diable font-ils encore dans ce village! qui peut les y retenir?.. cela me tarabuste. Y aurait-il là dessous quelque mystère? depuis ce matin, Poulzarow, ses deux affidés, et un homme qui paraît se cacher quand on l'observe, vont, viennent, rôdent dans tout le village : on les a vus chez le pasteur, puis chez le magistrat; ils portent des papiers; ils ont un air sournois, empressé, affairé : le domestique du pasteur, que j'ai rencontré, m'a paru tout consterné. Je gagerais que l'on trame contre nous quelque machination infernale, dont Poulzarow est . . . .

(*Thécla entre en courant.*)

SCÈNE X.

GERMAIN, THÉCLA.

THÉCLA.

Ah! te voila, mon ami! grande nouvelle!

GERMAIN.

Qu'est-il arrivé ?

THÉCLA.

La mère du chevalier, Madame de Méran!

GERMAIN.

Elle est ici?

THÉCLA.

Oui, c'est une femme charmante.

GERMAIN.

Et mon maître qui va partir; il faut empêcher....

THÉCLA.

Eh non : il ne part pas.

GERMAIN.

Il sait donc.....

THÉCLA.

Certainement. Il allait monter en voiture avec sa jeune épouse, quand ils ont aperçu, au bout de la grande avenue, un carrosse à la livrée de madame de Méran. C'est ma mère! s'est écrié ton maître; et ce bon fils s'est élancé vers elle! Sophie le suivait toute tremblante. Soudain le carrosse s'est arrêté : une belle dame en est descendue : et puis, les embrassemens, les cris de joie, les transports....

GERMAIN.

Ah! quel tableau! je les vois s'embrasser, se serrer, se.....
ah..... il faut que je t'embrasse aussi!

THECLA.

Finis donc, tu as bien le temps. Songe plutôt.....

GERMAIN.

Sois tranquille, tout est prêt, je n'ai qu'un geste à faire pour
rassembler nos gens.

THECLA.

Tant mieux, car voilà madame.

SCÈNE XI.

ADELE, ADOLPHE, SOPHIE.

(*Germain et Thécla sortent immédiatement après l'entrée
des trois autres personnages.*)

ADOLPHE.

Ah! ma tendre mère! que les deux années que j'ai passées
loin de vous m'ont paru longues et pénibles! oui, malgré tout
le bonheur que j'ai trouvé dans ces lieux, mon cœur éprou-
vait un vide affreux que ma mère seule pouvait remplir.

ADÈLE.

Et ta mère, Adolphe, penses-tu qu'elle ait moins souffert
de cette cruelle séparation? Ah! que d'objets tu as rencontrés
pour te consoler! mais moi, qui pouvait me dédommager de
ne plus voir mon fils?

ADOLPHE.

Ma mère, nous ne nous quitterons plus.

ADÈLE.

Non, mon ami; jamais..... Cependant que je suis injuste de
me plaindre! si ton absence m'a privé de toute ma joie, le ciel
double aujourd'hui mon bonheur, en me donnant, avec mon
fils, une fille si belle, si touchante, et déjà si chère à mon
cœur! aimable Sophie!... Je ne puis résister au désir de l'ap-
peler ma fille!

— (*Elle l'embrasse avec tendresse.*)

SOPHIE.

Ah! madame!.... ah! ma mère!....

ADOLPHE.

Moment enchanteur! oui, ce jour sera le plus beau de ma
vie!

(*La porte s'ouvre. Plusieurs domestiques paraissent au
fond sans entrer.*)

SCÈNE XII.

LES MÊMES, GERMAIN, etc.

GERMAIN.

Place! place!

(36)

ADOLPHE.

Qu'est-ce donc, mon ami ?

GERMAIN.

Ma foi, monsieur, on ne peut pas suffire à tout : j'ai pensé que votre cœur avait assez de besogne, et je me suis chargé des petits détails de cérémonie.

ADOLPHE.

Que veux-tu dire ?

GERMAIN.

Madame de Méran doit être fatiguée, daignera-t-elle accepter quelques rafraîchissemens ?

ADÈLE.

Volontiers, mon ami.

GERMAIN.

Vite des siéges. Ici, mes amis.

ADOLPHE.

Venez, ma mère, placez-vous là, entre vos deux enfans.

(Des domestiques apportent divers rafraîchissemens qu'ils présentent aux Dames et à Adolphe. Pendant ce temps, Germain fait des signes.)

ADOLPHE.

Que fais-tu donc, Germain ?

GERMAIN.

Eh ! Monsieur, il faut bien que je leur dise d'entrer, puisqu'ils ne veulent plus rester à la porte.

ADOLPHE.

Comment rester à la porte ! Qui donc ?

GERMAIN.

Tous les vassaux de M. le Comte, qui demandent à présenter leurs hommages à la mère de leur jeune Seigneur.

ADÈLE.

Comment ! ils savent déjà !....

GERMAIN.

Oh ! il y a long-temps qu'ils sont tout prêts, Madame ; entrez, mes amis, entrez !

SCÈNE XIII.

ENTRÉE DE BALLET. *Thécla entre avec le cortége. Le divertissement est interrompu par l'entrée subite de Dzarcowitch.*

SCÈNE XIV.

LES PRÉCÉDENS, DZARCOWITCH.

GERMAIN.

Allons, voilà encore ma fête troublée par un Cosaque.

THÉCLA.

Que nous veulent donc toujours ces figures barbares ?

ADOLPHE.

Que vois-je ? Dzarcowitch !

DZARCOWITCH.

Je suis bien fâché que ma figure vous déplaise : mais je ne puis en conscience couper ces moustaches, que je trouve admirables, ni quitter ma peau d'ours et mon bonnet pointu.

ADOLPHE.

Eh, que nous fait ta figure ; que veux-tu ? Que demandes-tu ? Parle, et va-t'en.

DZARCOWITCH.

Je n'en demande pas davantage. Mon Hetman vient d'apprendre que madame de Méran est arrivée dans ce château...

ADÈLE.

Son Hetman !

ADOLPHE.

Que lui importe ?

DZARCOWITCH.

Ma foi, je n'en sais rien ; ce ne sont pas mes affaires : mais lui, que cela regarde apparemment, demande à madame de Méran un entretien particulier.

ADOLPHE.

A ma mère !.....

ADÈLE.

A moi !...

DZARCOWITCH.

Oui, Madame, à vous-même.

ADOLPHE.

Ce Poulzarow a donc juré de nous poursuivre sans cesse !

ADÈLE.

Poulzarow !.... Je n'ai jamais entendu ce nom.

DZARCOWITCH.

Que répondrai-je à mon Hetman ?

ADOLPHE.

Que Madame de Méran n'a point l'honneur de le connaître.

DZARCOWITCH.

Mais s'il la connaît lui ?

ADÈLE.

Grand dieu ! Ah ! mon fils, quel est ce Poulzarow ?

ADOLPHE.

Un chef de Cosaques.

ADÈLE.

O ciel !...

ADOLPHE.

Qu'avez-vous donc, ma mère?

DZARCOWITCH.

Enfin que répondrai-je ?

ADÈLE.

Que je suis prête.... à le recevoir....

DZARGOWITCH.

A la bonne heure; voilà du moins des procédés. Dans un instant vous le verrez paraître. (*Se tournant vers Thecla.*) Adieu, petit serpent d'amour. (*Il sort. Tout le monde est frappé d'étonnement.*)

SCÈNE XV.

LES MÊMES, *excepté* DZARGOWITCH.

ADOLPHE, *à part.*

Quel est donc ce mystère?

SOPHIE, *à Adolphe.*

Mon ami, comme ta mère devient rêveuse?

GERMAIN, *à part.*

Que diable ce cosaque a-t-il à faire avec tout le monde?

ADÈLE, *à part.*

O mon dieu, serait-ce lui?

ADOLPHE, *à sa mère.*

Au nom du ciel, ma tendre mère, expliquez-moi.....

ADÈLE.

Mon fils.... ne m'interroge pas.

ADOLPHE.

Vous ne resterez pas seule, du moins, avec cet odieux cosaque: ce monstre.....

ADÈLE.

Prends garde, mon fils....fais retirer tout le monde; emmène ta jeune épouse: je dois être seule, absolument seule.

SOPHIE, *à Adolphe!*

Seule!.... ta mère le connaît donc?

ADOLPHE.

Hélas! tu vois son silence. (*A sa mère.*) Non, ma mère, je ne puis....

ADÈLE.

Adolphe, voudrais-tu m'affliger?

ADOLPHE.

Eh bien, il faut vous obéir. (*Bas.*) Germain, nous veillerons autour de cette salle.

GERMAIN.

Soyez tranquille, monsieur. (*Sortie générale; Adèle est plongée dans une profonde rêverie.*)

SCÈNE XVI.

ADÈLE, *seule.*

Un chef de cosaques veut me voir, veut me parler....à moi, qui viens d'arriver dans ce pays, à moi, qui n'y connais personne..... le hasard.....: le ciel même, l'aurait-il conduit sur mon passage? aurait-il reconnu son Adèle?....son Adèle. Ah!

sans doute, il ne l'a que trop oubliée !.... D'ailleurs, ça n'est
pas son nom... mais plutôt, si mon fatal secret avait été trahi...
si l'on savait qu'Adolphe.... Ah ! cette pensée me déchire le
cœur ! Hélas ! le frémissement que j'éprouvais en touchant cette
terre étrangère, était-il le pressentiment des maux que je dois
y souffrir ?.... J'entends des pas qui semblent s'approcher.....
on vient.... ô mon dieu, si c'est lui, donne moi la force de
supporter ma joie !.... je l'aperçois.... (*Poulzarow paraît et
s'arrête.*) Hélas, ce n'est pas lui.... mais quel effroi remplit
subitement mon âme !

SCÈNE XVII.
POULZAROW, ADÈLE.

POULZAROW, *à part, en entrant,*
La voilà. Je veux lui arracher l'aveu de la terrible vérité.
Déjà j'ai percé le mystère de la naissance de Sophie : je pour-
rai, d'un seul coup, les écraser à-la-fois.

ADÈLE.
Je n'ose lever les yeux sur lui...., d'où vient qu'il ne me
parle pas ?

POULZAROW.
— Observons jusqu'à ses moindres gestes. — Est-ce madame
de Méran que j'ai l'honneur de saluer ?

ADÈLE, *hésitant.*
Oui.... monsieur.

POULZAROW.
Vous hésitez, madame ; ce nom ne serait-il pas le vôtre ?

ADÈLE.
Ce nom..... (*à part.*) Est-ce un piège qu'il me tend ?|

POULZAROW.
Votre émotion m'étonne étrangement, madame. Ne pou-
vez-vous, sans un trouble si visible, me dire si c'est ainsi que
l'on vous nomme ?

ADÈLE.
Qui vous dit, monsieur, que ce soit ce nom qui cause mon
trouble ? Ne puis-je être surprise qu'un inconnu, dans un pays
où tout m'est étranger, me fasse demander un entretien secret ?

POULZAROW.
J'avoue, madame, que ma démarche a droit de vous surprendre, car vous ne la supposez pas, sans doute, dénuée d'un
puissant motif ; et cependant vous ne pouviez guères présumer
que dans ces contrées, si loin de votre pays, vous fussiez attendue par un chef de Cosaques.

ADÈLE.
Attendue !.....

POULZAROW.
Oui, madame. Pourquoi tant d'étonnement ? Le temps qui

détruit tout; laisse pourtant des souvenirs; il en est même d'i-
neffaçables, qu'envain la feinte voudrait cacher; car des bords
de la Seine aux rives du Wolga, l'amour étend son empire.

ADÈLE, *à part.*

L'amour!....

POULZAROW, *à part.*

Son trouble augmente.

ADÈLE, *à part.*

Que dois-je craindre? que dois-je espérer?

POULZAROW.

Mais l'amour n'est pas toujours exempt de remords. On a
vu l'erreur d'un moment être suivie d'un éternel regret! on
a vu même, après vingt années....

ADÈLE.

Vingt années....

POULZAROW.

Le fils innocent porter la peine du crime de sa mère..

ADÈLE.

Mon fils! Adolphe!....

POULZAROW.

Voilà l'aveu que j'attendais!

ADÈLE.

Ah! qui donc. Est-ce vous? qui vous envoye? vos discours..?
vos regards,... me font palpiter d'horreur!

POULZAROW.

La justice a marqué le terme du mensonge. La vérité doit
éclater! tremblez!....

ADÈLE.

Ah! je le vois en frémissant! mon malheureux amour, mon
funeste secret, tout vous est connu! Hélas! au nom de ce qui
vous est cher, par ces larmes dont j'arrose vos pieds, homme
cruel ou généreux, dites; ah! dites-moi si c'est le bonheur ou
l'infamie que vous m'apportez.... Mais non, non, je lis dans
vos affreux regards toute l'horreur de mon sort. Ah! ne prends
que moi pour victime, frappe voilà mon sein, déchire-le sans
pitié! mais épargne mon fils! mon Adolphe!.... mon cher
Adolphe,!.... (*Adolphe accourant.*)

SCÈNE XVIII.
LES MÊMES, ADOLPHE.

ADOLPHE, *accourant.*

Ma mère! ma mère!..((*Paraissant.*) Ah! monstre! tu vas
payer de ta vie....

ADÈLE, *courant à lui.*

Arrête! arrête mon fils! Ah! si tu frappais celui qui doit te
rendre un père!.... (*Adolphe s'arrête: l'épée lui échappe
des mains. Immobile, il fixe sa mère et Poulzarow. Un moment de silence.*)

POULZAROW.

Vous vous trompez, madame, je ne puis que vous plaindre.
Et vous, jeune homme, apprenez, à l'exemple d'une mère, que
l'orgueil ne sied pas sur un front qu'un mot peut forcer à rougir. Adieu. (*Il sort. Adolphe et sa mère n'ont point encore
changé d'attitude.*)

ADÈLE.

C'en est donc fait ! je suis perdue !

ADOLPHE.

De quel affreux mystère suis-je donc environné..... ma
mère....

ADÈLE, *levant les yeux vers le ciel.*

Vingt années de douleur, la malédiction d'un père, n'é-
taient donc point assez pour expier ma faute ! Hélas ! que ne
demandais-tu le reste de mes tristes jours ! Mais, plonger dans
l'opprobre un jeune homme innocent : voir sa noble famille
le repousser avec horreur ; sa jeune épouse le fuir, ou mourir
de douleur ; et lui, pour qui j'ai tant souffert, dans l'horreur
de son désespoir, m'accuser, me maudir. O ciel ! fais-moi plutôt mourir ! (*Elle tombe dans un fauteuil.*)

ADOLPHE, *se jetant à ses genoux.*

Ma mère ! ma mère ! de quels traits vous déchirez mon cœur !
moi, votre Adolphe, maudir le sein qui lui donna le jour !
Ah ! jamais ! jamais !

ADÈLE.

Tu me mépriseras ; j'en serai plus à plaindre !

ADOLPHE.

Ma mère, regardez donc votre fils. Hélas ! il n'a que trop
deviné la cause de vos douleurs, et la honte de sa naissance....
et cependant son cœur vous chérit, vous adore, vous respecte
toujours !

ADÈLE, *le saisissant dans ses bras.*

Ah !.... il est encore mon fils !.... (*Elle le tient un instant
serré sur son cœur.*)

ADOLPHE, *tristement.*

Pourquoi m'avoir caché ma naissance et mon père ?...

ADÈLE.

Je n'ai rien fait. Une main bien cruelle a tracé ton sort et le
mien. Hélas ! il m'adorait celui à qui tu dois la vie ; mais il
avait porté les armes contre la France : il était moins illustre
que mes aïeux ; et parce qu'il était né dans des contrées lointaines, on l'appelait barbare. (*La figure d'Adolphe devient
sombre, et par degrés l'effroi se peint dans ses regards.*) Ah !
que de soins l'on prit pour me rendre bien malheureuse. Je
changeai de pays ; je déguisai mon nom ; mais je gardai mon
cœur, et toujours il était là...

ADOLPHE, *d'un ton sombre.*

Quel rapport d'événemens !.. de malheurs !.. le comte aussi,
grand dieu !.... je me sens défaillir....

6

ADÈLE.

Adolphe.... qu'as-tu donc? dieu! comme ses traits s'altèrent....

ADOLPHE,

Ma mère..... encore un mot.... quelle était sa patrie.... et le nom de mon père.....

ADÈLE , *le fixant avec effroi.*

Sa patrie? tu l'habites : son nom....

ADOLPHE.

N'achevez pas , ou j'expire....

Adèle, le regarde avec effroi. Sophie accourt.

SCÈNE XIX.

LES MÊMES, SOPHIE, *et peu après* GERMAIN.

SOPHIE (*accourant gaîment.*)

Voilà mon père ! il a vu l'empereur ! ô mon ami, partage ma joie. sa majesté approuve notre hymen et te fait colonel !...

ADÈLE.

Mon fils !

SOPHIE.

Oui , madame ; oui, ma tendre mère.... mais que vois-je?.. Adolphe!.. Oh mon dieu ! comme ses regards sont sinistres ?... mon ami....

ADOLPHE.

Sophie , un moment.... encore un moment...

GERMAIN (*annonçant.*)

Monsieur le comte !

ADOLPHE.

Ah ! tout mon sang se retire !

ADÈLE.

Au nom du ciel, cache ton trouble.

ADOLPHE, *avec terreur.*

Le voilà ! (*Il devient immobile, les yeux fixes, écoutant sans regarder.*)

SCÈNE XX.

LES MÊMES , LE COMTE POLINDORF.

(*Tous les personnages sont en action. Chacun exprime un sentiment violent ; le comte seul est calme en entrant.*)

POLINDORF. (*Thécla est entrée avec le comte.*)

Ah! madame, que je vous dois d'excuses, et comment vous exprimer l'impatience que j'éprouvais de présenter mon hommage à la mère de mon cher Adolphe.

ADÈLE.

Le même empressement, monsieur le comte... (*Elle se trouble.*) se faisait.... aussi sentir.... à mon cœur.... (*Ils se regardent mutuellement ; leurs figures s'altèrent ; l'action muette devient générale.)*

POLINDORF, *à part.*

Dieu puissant ! est-ce un prestige...

ADÈLE, *dont la voix s'affaiblit.*

Mais.... votre aimable.... fille.... que vois-je !

POLINDORF.

Madame...... vos traits..... le son de votre voix.....

ADÈLE.

O ciel !... ma raison s'égare-t-elle ?...

POLINDORF, *avec délire.*

Oui.... oui.... c'est vous !.... ô prodige !

ADOLPHE, *reculant.*

O terreur !

POLINDORF, *avec une joie éclatante.*

Adèle !

ADÈLE, *d'une voix étouffée.*

Balthazar ! (*Elle chancelle et tombe dans un fauteuil.*)

ADOLPHE, *volant à elle et tombant à ses pieds.*

Ma mère !....

ADÈLE, *le regardant.*

Fuis, fuis ! malheureux ; voilà ton père !

SOPHIE, GERMAIN ET THÉCLA *avec terreur.*

Son père ! (*Sophie va tomber dans les bras de Thécla.*)

POLINDORF, *avec joie.*

Mon fils !... (*avec horreur.*) Mon fils ! (*reculant.*) O terre, cache moi dans tes abîmes. (*Il va tomber dans un fauteuil à l'autre extrémité.*)

SOPHIE, *d'une voix éteinte.*

Ah ! je me meurs ! (*Adèle est tombée dans un fauteuil ; le comte, à l'autre extrémité, s'est caché la tête. Sophie, plus loin, est soutenue par Thécla. Adolphe est seul au milieu de la scène.*)

ADOLPHE, *dont les yeux sont égarés.*

Quel sombre nuage vient obscurcir ma vue et redouble l'horreur dont mon âme est glacée !... où suis-je ?... qu'ai-je entendu !.. ô jour épouvantable !... (*Courant vers elle.*) ma mère !.... (*S'arrêtant et reculant.*) Ah ! quelle main terrible me repousse loin d'elle !...

ADÈLE.

Je lui fais horreur !

ADOLPHE.

Le ciel va-t-il me frapper ?... est-ce pour moi que la foudre gronde ?.... suis-je donc criminel ? où fuir, où fuir.... (*Il se trouve près du comte.*) Mon père !... (*Reculant encore.*) non, non..... (*Il va tomber aux genoux de Sophie.*) Sophie ! ma Sophie !

SOPHIE *se penchant vers lui.*

Adolphe !.. (*se rejetant avec effroi dans les bras de Thécla.*) je suis ta sœur !

ADOLPHE, *la fuyant à son tour.*

Ma sœur !... quelle horreur m'environne ! le ciel, la terre,
toute la nature me repousse ! ma mère ! ma mère ! ah ! laissez-
moi du moins mourir sur votre sein. (*Il va tomber aux pieds
de sa mère, la tête cachée dans ses genoux.*)

SOPHIE *s'élançant vers son père et tombant dans ses bras
avec un cri déchirant.*

Ah ! mon père ! il se meurt !

La toile tombe.

Fin du second Acte.

ACTE III.

Le théâtre représente le sallon du château.

SCÈNE PREMIÈRE.

GERMAIN, *seul, entrant comme un homme distrait, puis
s'arrêtant tout-à-coup.*

Où vais-je donc, moi ?.... que viens-je chercher ici ?.... ma
foi je ne m'en souviens plus... le diable m'emporte je perds la
tête aussi. Ah ! c'est ma femme : oui je voudrais la rencontrer
pour savoir des nouvelles. M. le comte est enfermé dans son
cabinet ; on n'ose point en approcher. M. Adolphe est dans
un état !...... ah ! cela déchire l'âme ! il ne veut souffrir personne auprès de lui. Chacun s'éloigne : tout le monde se fuit :
l'horreur et le désespoir sont peints dans tous les yeux.....
comment tout cela finira-t-il ?.... mal ; très-mal. Je ne vois
point le moyen d'accommoder les choses. Ah ! voilà Thécla !

SCÈNE II.

GERMAIN, THÉCLA.

(*Thécla entre par un côté, marchant vîte, et traversant
la scène comme pour sortir.*)

GERMAIN, *l'appelant.*

Thécla ! Thécla !

THÉCLA.

Ah ! c'est toi, mon ami. (*Elle vient à lui.*

GERMAIN.

D'où viens-tu ?

THÉCLA.

Je quitte la mère de ton maître, et je courais chez sa...
chez sa sœur. Ah ! quelle journée ! quelle journée, mon ami !

GERMAIN.

Elle n'est point passée, et c'est ce qui me fait trembler.
Comment as-tu laissé madame de Méran, ou plutôt madame
d'Ormeville ?

THECLA.

Beaucoup mieux. Ah! Germain, quelle femme! quelle piété touchante! et quelle résignation! à peine s'est-elle trouvée en liberté qu'elle s'est prosternée : toute son âme s'est élevée vers le ciel. Je n'osais respirer de peur de la troubler. Quand elle s'est relevée, ses yeux étaient toujours bien tristes, mais sa figure était calme, et l'on pouvait lire dans ses regards une grande résolution, et le courage de la tenir.

GERMAIN.

Pauvre dame! puisse le ciel l'inspirer!

THECLA.

Thécla, me dit-elle, d'une voix tranquille, je me sens beaucoup mieux : retourne auprès de ta jeune maîtresse; je voudrais bien la voir, mais ma présence l'affligerait. Va, ma fille. Je me suis mise à pleurer, et je me suis en allée. Comme je montais chez Sophie, j'ai rencontré M. Adolphe. C'est encore pire que tantôt : il marche sans voir; écoute sans entendre : ses yeux fixes ne se détournent plus; aucune parole ne peut sortir de sa bouche. Ah! Germain, je t'assure qu'il y aura quelque grand malheur.

GERMAIN.

Oh! mon dieu, oui : il ne pourra jamais y survivre. Quelle fatalité! tout avait si bien commencé! nous étions si heureux!

THECLA.

Cela n'a guère duré.

GERMAIN.

Trois jours! ce n'était pas la peine!

THECLA.

Ce qui m'étonne, c'est qu'au milieu de tout cela, on n'ait plus entendu parler de Poulzarow.

GERMAIN.

Eh! quel mal peut-il nous faire à présent? va, toute la méchanceté de sa vilaine âme n'inventera jamais rien qui approche des malheurs qui nous sont venus sans lui. Mais ne t'arrête pas trop longtemps, ma bonne amie.

THECLA.

Tu as raison, je m'en vais : c'est qu'il y avait longtemps que je ne t'avais vu, Germain.

GERMAIN.

Paix...... voilà madame.

(*Adèle entre.*)

SCÈNE III.

LES MÊMES, ADELE.
(*Elle entre en silence et doucement.*)

ADÈLE.

Ah! c'est vous, mes amis. Demeurez; je voudrais....

(*Elle paraît réfléchir.*)

THECLA.

Vois-tu comme elle est tranquille?

GERMAIN.

Oui, au dehors; mais dans le cœur.

ADÈLE, à elle-même.

Verrai-je le comte, ou mon fils?... mon fils, il n'est pas en état de m'entendre : et le comte.... ah! que ma situation est pénible!

GERMAIN.

Je crois qu'elle n'a rien à nous dire.

THECLA.

Attends un peu.

ADÈLE.

Germain!

GERMAIN.

Madame.

ADÈLE.

Mon ami, passez chez M. le comte, et dites-lui que je désire l'entretenir ici.

GERMAIN.

Oui, madame.

ADÈLE.

Et vous, Thecla, vous n'êtes donc pas allée chez Sophie.

THECLA.

Pardonnez-moi, madame, c'est qu'en passant j'ai trouvé Germain.

ADÈLE.

Allez, mes amis.

(*Pendant leur sortie, elle paraît absorbée.*)

SCÈNE IV.

ADÈLE, *seule.*

Le voilà donc venu ce jour que j'avais tant désiré; ce jour que pendant vingt années je demandais au ciel par mes vœux, par mes prières! ô mon dieu! devais-tu le rendre aussi funeste! quand je t'offrais ma vie pour le revoir un seul instant, voulai-je sacrifier mon fils, mon Adolphe innocent du crime de sa mère! hélas! ce crime, s'il en est un, quand sera-t-il donc expié?...... jamais! jamais pour la fille maudite! oui, je l'entends encore cette effroyable malédiction d'un père! elle a retenti jusqu'au ciel : vingt ans n'ont pu l'effacer du livre des vengeances, et les horreurs de ce jour en sont l'épouvantable accomplissement.

(*En achevant ces mots, elle tombe dans un fauteuil, et porte son mouchoir à ses yeux.*)

SCÈNE V.

POLINDORF, ADÈLE.

POLINDORF, *s'arrêtant vers le fond.*

La voilà donc ! était-ce ainsi ainsi que je devais la retrou-
ver! Mon dieu, punis moi seul d'avoir été la cause de tous ces
malheurs !(*Il s'avance et tombe à ses genoux.*)

ADÈLE, *le relevant.*

M. le comte, que faites-vous ?

POLINDORF.

Accablé de douleur, déchiré de remords, je voudrais ex-
pirer à vos pieds ! ah! madame.... ô mon Adèle ! je dois vous
faire horreur !

ADÈLE.

Vous, M. le comte ! vous, le père de mon Adolphe ! ah!
vous ne connaissez plus mon cœur !

POLINDORF.

De l'amour le plus pur, de la vertu la plus touchante, hélas !
comment donc ont pu naître tant de forfaits ! non, non, ce
n'est pas nous qu'il faut en accuser. Ce fut la main barbare,
ce fut le père dénaturé....

ADÈLE.

Arrêtez !..... le poids de sa malédiction est encore sur
ma tête; laissons sa colère s'éteindre dans son tombeau.
(*après un silence.*) M. le comte, tout est fini pour nous:
sans irriter la providence, soumettons-nous à notre sort. Il
nous reste encore un grand devoir à remplir : nos malheureux
enfans, les abandonnerons-nous au fond de l'abîme où nous les
avons plongés ? (*Après un court silence.*) C'était pour vous
entretenir sur le sort de ces infortunés que je vous ai fait prier
de descendre au sallon.

POLINDORF.

Le même objet m'occupait aussi, madame : mais hélas ! en
vous voyant, le tableau de tous les maux que j'ai causés se retrace si vivement à mes yeux qu'il ne me reste plus que la force
d'en ressentir l'horreur.

ADÈLE.

Oublie-t-on jamais qu'on est père ! mon ami, sauvons nos
enfans !

POLINDORF.

Les sauver ! le ciel même le peut-il?

ADÈLE.

Oui, en les arrachant à leur amour, à leurs remords, à leur
désespoir. Ils sont bien malheureux; mais que ne peuvent sur
des cœurs aussi tendres, les consolations d'un père, les ca-
resses d'une mère ?

POLINDORF.

Et vous, Adèle, et vous, qui vous consolera?

ADÈLE.

Rien..... je sais souffrir.

POLINDORF.

Ah! malheureux! quel bonheur j'ai perdu!..... eh bien, madame, que faut-il que je fasse?

ADÈLE.

Avant qu'un funeste éclat ajoute à nos malheurs, partez avec Adolphe; parcourez rapidement les contrées les plus lointaines, faites-lui voir... le monde entier, pour qu'il s'oublie lui-même.

POLINDORF.

Partir!... et ma Sophie?

ADÈLE.

Ne suis-je pas sa mère?

POLINDORF.

L'infortunée! à dix-sept ans, proscrite de la société; souillée d'une tache ineffaçable, repoussée par tout l'univers; hélas! où trouvera-t-elle un refuge?

ADÈLE.

(*Montrant le ciel.*) Là, M. le comte. Oui, cette âme sensible et pure, trop violemment abattue, n'a plus d'appui sur la terre; et c'est à moi de la guider dans le seul chemin qui puisse la rendre au bonheur.

POLINDORF.

Une éternelle séparation! quels lieux choisirez-vous? l'Allemagne?...

ADÈLE.

Non. J'ai deviné le cœur de Sophie: la France; c'est la patrie.......

POLINDORF.

De son frère.

ADÈLE.

De son époux.

(*Thecla entre avec trouble.*)

SCÈNE VI.

LES MÊMES, THECLA.

THECLA.

Ah! madame! avez-vous vu monsieur votre fils?

ADÈLE.

Mon fils! grand dieu!...

POLINDORF.

Il n'a point porté les pas de ce côté; d'où vient ce trouble?

THECLA.

Mon dieu, ce n'est pas ma faute. J'allais chez ma maîtresse, comme madame me l'avait ordonné: M. Adolphe venait d'y

entrer; et ils paraissaient tous les deux s'entretenir avec une
grande véhémence. Par respect je restais dehors. Plusieurs fois
les accens de monsieur, sombres et terribles, faisaient retentir
l'appartement; et quand madame répondait, ses pleurs étouf-
faient sa voix. J'étais tremblante. Tout-à-coup, la porte s'ouvre et M. Adolphe sort précipitamment; il était pâle, les yeux
égarés, allant comme au hasard. Frappée de crainte j'allais le
suivre, quand j'aperçus madame....... ah! qu'elle avait
besoin de secours! je volais à elle. Mais à peine eût-elle repris
ses sens qu'elle m'ordonna de suivre M. Adolphe: elle paraissait bien inquiète! j'ai couru après lui, mais je ne l'ai point
rencontré.

ADÈLE.

Le malheureux est capable d'attenter à ses jours!

POLINDORF.

Où le chercher?... dans quel lieu...

ADÈLE.

Paix!... je l'aperçois! Hélas! dans quel état!
*Adolphe entre, et s'avance jusqu'au premier plan, où il
s'arrête; il ne voit rien encore. Adèle et le comte le
regardent en silence. Thécla sort.*

SCÈNE VII.
POLINDORF, ADÈLE, ADOLPHE.

POLINDORF.

Eh bien, Adolphe...

ADOLPHE (*revenant à lui, le regarde, puis fixant sa
mère.*)

Ah!... c'est vous ma mère: je ne vous ai plus revue.

ADÈLE.

Mon cher Adolphe, je n'ose m'exposer au spectacle de ta
douleur: tes larmes me font mourir.

ADOLPHE, *d'un air sombre.*

Ne me fuyez pas, je n'en verserai plus.

ADÈLE, *le fixant.*

Tu n'en verseras plus... (*à part.*) Il me fait frémir!

POLINDORF.

Mon Adolphe manquerait-il de courage?

ADOLPHE.

Non, M. le Comte: j'aurais trop à souffrir.

POLINDORF.

Mon fils, tout fini...

ADOLPHE.

Oui, tout fini.

POLINDORF.

Le temps, l'éloignement...

ADOLPHE.

Eh! M. le Comte! quand vous perdîtes ma mère, le temps
et l'éloignement changèrent-ils votre cœur?

7

POLINDORF.

Non, mon fils : un mensonge ne toucherait pas ton âme. Mais tous les deux n'avons-nous pas surmonté notre douleur ?

ADOLPHE.

Que vous étiez heureux ! le temps devait détruire l'obstacle qui vous séparait ; l'avenir vous attendait. Mais nous, l'éternité nous sépare ; le tombeau même ne peut nous réunir.

POLINDORF.

Non, le tombeau ne peut vous réunir ; tu ne peux donc souhaiter d'y descendre. Mon ami, ouvre-nous ton cœur : épanche ta douleur dans le sein d'une tendre mère, dans le sein d'un père bien malheureux aussi. Nos cœurs, brisés comme le tien, répondront à ton désespoir. Dans l'horrible situation où le destin nous a plongés, as-tu formé quelque dessein ? as-tu pris quelque résolution ?

ADÈLE.

Adolphe, tu gardes le silence.

ADOLPHE.

Est-il au monde une puissance capable de me rendre Sophie ?

POLINDORF.

Non, mon fils.

ADOLPHE.

Mon sort ne peut changer : je n'ai plus de résolution à prendre.

ADÈLE, à part.

Quelle affreuse obscurité !

POLINDORF.

Ainsi, dans l'amertume de ton affliction, fermant pour toi l'avenir, le temps n'a plus d'époques pour ta douleur, et tous les lieux te deviennent indifférens ?

ADOLPHE.

Oui, M. le Comte.

POLINDORF.

Eh bien, mon fils, insensible à ton sort, daigne me le confier ; remets à ton père le soin de l'avenir que tu repousses. Je ne t'offrirai pas des consolations que ton âme rejeterait, que la mienne elle-même ne saurait concevoir. Nous pleurerons ensemble, toi, ta Sophie, moi... mon Adèle. Nous irons aux extrémités du monde porter notre désespoir et répandre des larmes qui ne seront plus criminelles.

(Adolphe le regarde avec effroi.)

ADÈLE.

Tu frémis... Mon fils, tourne les yeux vers le ciel ; songe à ses lois immuables ; et qu'une résignation sublime donne à ton âme la force et le courage.

POLINDORF.

Tu consens à me suivre... aujourd'hui... tout-à-l'heure... Adolphe...

ADOLPHE, *l'interrompant et avec fermeté.*

Oui, ma mère... oui, M. le Comte. Aujourd'hui, tout-à-l'heure, je la quitterai pour toujours !

POLINDORF.

J'ai ta parole : je suis satisfait. — Eloignons-nous, madame, craignons d'ajouter un mot qui puisse donner accès à l'attendrissement ; il a besoin de toute la force du sombre désespoir où je le vois plongé.

ADÈLE.

Fasse le ciel qu'il ne nous abuse pas !

(*Ils sortent. Adolphe reste plongé dans une sombre méditation.*)

_____

SCÈNE VIII.

ADOLPHE, *seul.*

Ma sœur... et mon épouse... Vainement je descends dans le fond de mon cœur : j'y trouve le désespoir, et non pas le remords. Cependant, à ces mots, tout mon sang devrait se glacer, mes cheveux sur mon front se hérisser d'horreur !... Non. Mon âme, calme dans sa souffrance, jouit sans trouble d'un amour que l'on dit un forfait. O fatale lumière ! funeste révélation ! pourquoi viens-tu nous arracher au plus parfait bonheur ! Nous étions vertueux, tu nous rends criminels : nous vivions l'un pour l'autre, et l'un pour l'autre il faut mourir ! Oui, mourir, puisqu'ils vont me l'arracher ! oui, puisqu'il faut, innocent ou coupable, la perdre pour toujours ! Eh bien, j'obéirai à cet arrêt barbare : je placerai entre nous le tombeau pour barrière. Mon amour fait son crime ; mon trépas va la rendre à la vertu... C'en est fait... (*Il tire un pistolet de son sein.*) L'heure fatale a sonné... mon âme s'élance sans remords....

(*Ici, Sophie paraît au fond.*)

_____

SCÈNE IX.

ADOLPHE, SOPHIE.

ADOLPHE.

Adieu ma mère !.. adieu Sophie !... adieu !..

(*Il arme et va pour tirer.*)

SOPHIE *s'élance, rejette l'arme et se trouve à genoux devant lui.*

(*Cri déchirant.*) Ah !...

ADOLPHE, *saisissant une des mains de Sophie, fixant le ciel, et avec explosion.*

Dieu cruel ! entends-tu ce cri terrible ! ce cri que tu ne peux étouffer dans son sein ! Il te dit que tes lois sont vaines,

et que toute ta puissance n'est rien au prix de notre amour !
(*la relevant et la soutenant dans ses bras.*) O ma Sophie !
ô ma tendre épouse !...

SOPHIE, *d'une voix faible.*

Quelle horreur m'environne !.. mes yeux ne te voient plus !..
Adolphe ! Adolphe ! veux-tu mourir sans moi !

ADOLPHE.

Mourir ! quand je te tiens dans mes bras, quand je te presse
sur mon cœur ! non ! repoussons loin de nous une injuste terreur : notre amour est trop pur pour être criminel. Que dis-je ?
je te contemple ; tes mains tremblantes sont dans les miennes ;
tu t'appuyes sur mon cœur palpitant : malgré l'horreur qui
nous entoure , je m'abandonne à l'ivresse de l'amour, et nul
remords, nulle terreur ne troublent mon âme. Ah ! tant de
douceurs ne peuvent naître d'une source coupable ! oui, notre
hymen est légitime ; notre flamme est sacrée : j'en porte dans
mon cœur l'auguste témoignage : et si nos liens sont réprouvés,
c'est donc aux yeux des hommes, et non devant le ciel !

SOPHIE.

O mon Adolphe ! comme ta voix retentit dans mon âme !
de quel trouble tu la remplis ! dieu ! serait-il vrai, puis-je
toujours l'aimer !

ADOLPHE.

Peux-tu cesser d'être mon épouse ? pouvons-nous effacer de
notre vie les jours délicieux qui se sont écoulés ? Non, ce n'est
pas un mot, un mot qu'on pouvait à jamais ignorer , qui peut
changer toutes les lois de la nature. O ma Sophie! si ta tendresse est égale à la mienne , viens ; nous sommes libres encore : fuyons ces lieux, courons sous un autre climat chercher
le bonheur et la paix !

SOPHIE.

Que dis-tu, cher Adolphe..... que me proposes-tu ?...

ADOLPHE.

Le seul parti qui convienne à notre désespoir. Songe , songe
aux extrémités où le ciel nous réduit. Ici, le déshonneur, la
séparation, la mort : là, la félicité; là, si ma Sophie devient
mère, le front de mon enfant ne sera pas flétri du sceau de la
réprobation ; des hommes cruels ne maudiront pas sa naissance , ne prononceront pas sur sa tête le terrible anathème.

SOPHIE.

Tu me fais frissonner !.... mais quitter mon père.... fuir avec
toi.... oh de quel effroi mon âme est saisie !....

ADOLPHE.

Mets la main sur ton cœur... entends-tu la voix du remords ?

SOPHIE.

Non... et pourtant je t'aime !

ADOLPHE.

Notre cause est jugée : le ciel nous absout ; viens....

SOPHIE.

Sans embrasser mon père.....

ADOLPHE.

Il le faut !

SOPHIE.

Je ne puis !

ADOLPHE.

Laisse-moi donc mourir. Ne parle plus de ton amour.

SOPHIE, *saisissant sa main.*

Cruel !.... viens : je suis prête à te suivre.

ADOLPHE.

Fuyons !.... (*Au moment où il l'entraîne, la porte s'ouvre, le comte et Adèle se présentent.*)

SCENE X.

LES MÊMES, POLINDORF, ADÈLE.

POLINDORF.   ADÈLE.

Que fais-tu ?   Grand dieu !

(*Adolphe et Sophie s'arrêtent consternés.*)

POLINDORF.

Malheureux ! où conduis-tu ta sœur ?

ADÈLE.

O mon fils ! quel égarement !

POLINDORF.

Et toi aussi, tu me fuyais, Sophie !

SOPHIE, *fondant en larmes.*

Mon père.... (*Elle se met à genoux devant lui.*)

POLINDORF *la relevant.*

Infortunée victime, de quoi peux-tu me demander pardon ! Adolphe... Eh quoi, ma voix te fait frémir ?

ADOLPHE.

Vous m'arrachez mon épouse : vous me condamnez à la mort.

ADÈLE.

Adolphe, Adolphe ! que tu es injuste !

POLINDORF.

Ah ! ne l'accusez pas : il est si malheureux ! mon fils, regarde-moi sans courroux : n'est-ce pas moi qui te l'avait donnée cette épouse si chère ? et maintenant, est-ce le ciel ou moi qui te la ravis ?

ADOLPHE.

Le ciel ne nous a point arrêté dans notre fuite !

POLINDORF.

Qui te dit que ce n'est pas lui qui m'a placé sur tes pas ?
(*Adolphe fait un mouvement d'effroi.*) Malheureux jeune
homme, où la conduisais-tu ? Loin de ces lieux, sans doute ;
sous un ciel étranger ; parmi d'autres hommes qui, ne con-
naissant pas l'obstacle qui vous sépare, n'eussent pu con-
damner votre union criminelle. Eh ! mon fils ! en dépassant
le seuil de ce fatal séjour, pensais-tu donc y déposer le souvenir du sacrilége ; y laisser la mémoire de cette effroyable
journée ? Loin de ton père, loin de ta tendre mère, tu n'aurais
lu sur aucun visage le reproche ou l'épouvante : mais dans ton
cœur, dans celui de Sophie, quelle voix terrible, le temps
aurait-il élevé ! L'amour ne peut pas toujours étouffer l'effroi
du remords. Quel hymen, grand dieu ! que celui où règnerait
la terreur ! où tous les deux, en vous chérissant, vous vous
feriez horreur. La vois-tu ta malheureuse épouse, frémissante
dans tes bras, combattre en vain la main d'un dieu vengeur,
et n'oser repousser ni goûter ta tendresse ! Hélas ! le trouble
de son âme empoisonnant les sources de sa vie, tu la verras
pâle et languissante, chaque jour s'approcher du tombeau,
t'aimer encore, peut-être, mais détester son crime ; et dans
sa longue agonie, t'offrir l'effroyable spectacle d'une âme ex-
pirante dans les angoisses du remords.

ADOLPHE, *avec un cri d'épouvante.*

Juste dieu !

POLINDORF.

Voilà le sort qui t'attend. L'amour te le cachait ; la vérité
le découvre. Fuis maintenant, si tu l'oses : emmène ta victime,
je ne t'arrête plus ; les portes te sont ouvertes.

ADOLPHE.

Ah !.... je sens sur mon front une sueur glacée ! tout ce que
je vois m'épouvante ! le crime est partout sous mes pas !......
fuyons ! fuyons, mon père ! arrachez-moi de ces funestes
lieux ! hâtez-vous ; tout-à-l'heure il ne serait plus temps !

POLINDORF, *le saisissant par la main.*

Viens, mon fils.

(*Il l'entraîne.*)

ADÈLE, *lui tendant les bras.*

Adolphe !.....

ADOLPHE. *Il se retourne, mais le comte l'entraîne toujours.*
Ma mère !......

SOPHIE, *avec un cri douloureux.*

Adolphe !.....

(*A la voix de Sophie, il s'arrache des mains du comte,*
et se précipite à ses pieds.)

ADOLPHE, *aux genoux de Sophie.*

Adieu, Sophie !........ (*montrant le ciel.*) Là........ je vais
t'attendre. (*se levant avec impétuosité, et courant au*
comte.) Allons !...

(...ejà le comte lui saisit la main pour l'entraîner; un grand bruit se fait entendre.)

POLINDORF.

Qu'entends-je?
(Tout le monde écoute avec effroi; la porte s'ouvre, Germain et Thécla accourent.

SCENE XI.

LES PRÉCÉDENS, GERMAIN ET THECLA.

GERMAIN.

Ah! M. le comte! qu'est-il donc arrivé! le château se remplit d'officiers, de soldats, et Poulzarow, la fureur dans les yeux, les commande et les guide.

TOUS.

Poulzarow!...

GERMAIN.

Le voici!

SCÈNE XII.

LES MÊMES, POULZAROW, DZARCOWITCH, OFFICIERS ET SOLDATS.

POULZAROW.

Au nom de l'empereur, et du conseil militaire, soldats, emparez-vous de cet aventurier.

ADÈLE.

Grand dieu!

POULZAROW.

Le ministre et tout l'état-major instruits de l'infâme imposture à l'ombre de laquelle vous avez eu l'audace de surprendre le grade honorable que vous portez, vous livrent à la rigueur des lois. (*aux soldats.*) Arrachez-lui cette épée qu'il déshonore!

ADOLPHE.

Misérable! je ne la rendrai que rougie de ton sang!
(Le fer levé, il va s'élancer sur lui.)

POLINDORF, ADELE, SOPHIE.

Arrêtez!

(On l'entoure, on le désarme.)

POLINDORF.

Est-ce ainsi, Poulzarow, qu'on exécute les ordres du conseil? prescrit-il l'insulte, avant d'exercer la justice? Barbare! si tu savais quel sang tu outrages!

POULZAROW.

Eh comment le saurais-je , si lui-même l'ignore : mais, sa
doute, madame le révèlera au conseil ; et, voudra bien aus
nommer le héros qui lui donna la vie.

POLINDORF.

Il y sera lui-même.

POULZAROW.

Pour y voir dégrader cet aventurier.

POLINDORF.

Malheureux, peux-tu me parler ainsi de mon fils !

POULZAROW.

Ah ! ce titre respectable , s'il était réel , devrait encore in
pirer pour ce misérable un reste d'égards ! Mais le sort vous
trompé l'un et l'autre. Non, le sang des Polindorf, qui coul
aussi dans mes veines , ne s'est point allié au sang d'un v
aventurier ; et cette jeune fille, bien digne d'un tel hymen , n'
pas puisé la vie dans le sein de la noble Valeska.

ADÈLE.

Qu'entends-je !

ADOLPHE.

Que dit-il ?

POLINDORF.

Poulzarow, quel discours !

POULZAROW.

Il est étrange , et doit paraître inconcevable, après dix-sep
années d'une erreur si profonde.

POLINDORF.

Quoi ! Sophie....

POULZAROW.

Ne fut jamais votre fille.

ADOLPHE.

Grand dieu !....

POLINDORF.

Arrête , Adolphe , garde le plus profond silence ! (*Regar
dant tout le monde.*) Au nom du ciel, que personne ne l'in-
terrompe. — Et vous , Poulzarow, si la haine et la fureur ne
dictent pas cet étrange discours, éclaircissez un mystère où
mon cœur et ma raison s'égarent.

POULZAROW, *à part.*

Achevons ma vengeance.....

*Tout le monde écoute : l'anxiété , l'attente mêlée d'ef-
froi, sont peintes sur tous les visages. A mesure qu'il parle , la surprise, l'espérance, la joie, s'expriment dans les
yeux, dans l'attitude. Sophie seule reste immobile et
abattue ; et le Comte renferme ses sentimens.*

POULZAROW *continue.*

L'infortunée Valeska , votre digne et chaste épouse
mit au monde une fille, et mourut en devenant mère
Cet enfant fut confié aux soins d'une femme étrangère, à
laquelle, dans l'excès de votre tendresse , vous promîtes un

fortune , si l'on parvenait à conserver les jours de votre enfant.

POLINDORF.

Il est vrai.

POULZAROW.

Promesse imprudente , dont le funeste effet ne fut pas tardif! Votre enfant mourut.....

POLINDORF.

Ma fille ! Poulzarow , prenez-garde.... je la voyais sans cesse.

POULZAROW.

Vous vous trompez : puisqu'au retour d'un voyage à Pétersbourg, vous trouvâtes un enfant plein de vie et rayonnant de santé, à la place de l'infortunée créature qui paraissait, à votre départ, n'avoir qu'un souffle d'existence.

POLINDORF.

Ce fait est encore vrai : je fus absent dix jours, et ce prodige s'opéra.

POULZAROW.

Il fut l'ouvrage du hasard que l'on saisit avec avidité. Non loin d'ici, la veuve d'un militaire, pauvre, mais estimable, précisément à la même époque, donnait le jour à un enfant du même sexe que le vôtre. Elle était sans ressources , et se sentait mourir. Le malheur d'une part, l'avidité de l'autre , conclut entre la mère infortunée et la nourrice coupable , le pacte dont vous fûtes le jouet, et dont la fille d'un inconnu a recueilli le fruit.

ADOLPHE.

O Sophie ! O Dieu juste !.:..

ADELE, d'une voix basse.

Silence, mon fils !

POLINDORF.

Qui vous a révélé ce mystère ?

POULZAROW.

Un homme qui fut au service de la Comtesse votre épouse; dont l'œil perçant découvrit le complot ; qui vendit tour à tour son silence et son indiscrétion.

POLINDORF.

Ainsi nulle erreur, nul mensonge ?

POULZAROW.

Allez vous-même consulter les magistrats, qui dans ce moment achèvent de recueillir toutes les pièces authentiques qui doivent éclairer la marche de la justice.

ADELE.

Vous en avez la conviction ?

POULZAROW.

Toutes les preuves ont été mises sous mes yeux.

ADOLPHE , avec une joie impatiente d'éclater.

Vous en feriez le serment ?

8

POULZAROW,

Par le ciel.

ADOLPHE, *éclatant.*

O bonheur !

ADELE, *de même.*

Ils ne sont pas criminels !

POLINDORF, *de même.*

Ah ! demandons-pardon au ciel d'avoir accusé sa justice !

POULZAROW, *les regardant tout étonné.*

Qu'entends-je ?

POLINDORF.

O mon Adèle ! tous nos maux sont finis !

ADOLPHE.

Ma tendre Sophie ! partage donc mon ivresse !

SOPHIE, *avec tristesse.*

Je te retrouve, Adolphe ; mais je n'ai plus de père !

POLINDORF.

Que dis-tu, chère enfant, qui fis tout mon bonheur ? l'é-
pouse d'Adolphe peut-elle cesser d'être ma fille ?

POULZAROW.

Que faites-vous donc, M. le Comte ? d'où vient la joie que
je lis sur tous les visages ?

POLINDORF.

Ah Poulzarow, vous venez de nous rendre la vie !

POULZAROW.

Moi !....

POLINDORF.

Oui, votre main nous arrache du fond du plus funeste
abîme, et dissipe, comme par enchantement, l'horreur des
forfaits dont nous étions environnés. Jugez, jugez du bien
que vous nous avez fait ; ce jeune homme est mon propre fils.

POULZAROW.

Votre fils !

POLINDORF.

Il se croyait chargé d'un crime épouvantable, et c'est vous
qui lui montrez son innocence !

POULZAROW.

Ah ! qu'ai-je fait ? malheureux !

POLINDORF, *à Adèle.*

Et toi, que mon cœur n'a pas cessé d'adorer, viens sceller
au pied des autels tous les sermens que je fis, et rendre à notre
Adolphe et l'honneur et son rang.

ADELE.

O mon Dieu ! fais-moi supporter tant de joie !

DZARCOWITCH, *à Poulzarow.*

Hetman, vous avez fait là un beau chef-d'œuvre !

POULZAROW.

Laisse-moi, je suis au désespoir !

Il sort précipitamment avec Dzarcowitch.

POLINDORF.

Ah! laissons-le s'éloigner, sa présence troublerait un si doux moment. Et nous, courons nous jeter aux pieds du souverain. Il est sensible et magnanime. Oui, sa main équitable te rendra ton épée, quand il apprendra de nous-mêmes, nos malheurs et la félicité qui succède à tant de souffrances.

La toile tombe.

FIN.

PARIS, de l'Imprimerie d'ABEL LANOE, rue de la Harpe, n.º 78.

www.ingramcontent.com/pod-product-compliance
Lightning Source LLC
LaVergne TN
LVHW022127080426
835511LV00007B/1062